Collins Gem

Dutch

Phrase Book

CONSULTANT
Dr Ben Braber

GEM PHRASE BOOKS

DUTCH
FRENCH
GERMAN
GREEK
ITALIAN
PORTUGUESE
SPANISH

*Also available Gem Phrase
Book CD Packs*

First published 1993
This edition published 2003
Copyright © HarperCollins Publishers
Reprint 10 9 8 7 6 5 4 3 2 1
Printed in Italy by Amadeus S.p.A

www.collins.co.uk

ISBN 0-00-714173-4

Your *Collins Gem Phrase Book* is designed to help you locate the exact phrase you need in any situation, whether for holiday or business. If you want to adapt the phrases, we have made sure that you can easily see where to substitute your own words (you can find them in the dictionary section), and the clear two-colour layout gives you direct access to the different topics.

The *Gem Phrase Book* includes:

■ Over 70 topics arranged thematically. Each phrase is accompanied by a simple pronunciation guide which ensures that there's no problem over pronouncing the foreign words.

■ Practical hints and useful vocabulary highlighted in boxes.

WORDS APPEARING IN BLACK ARE ENGLISH WORDS	WORDS APPEARING IN BLUE ARE DUTCH WORDS

■ Possible phrases you may hear in reply to your questions. The foreign phrases appear in blue.

■ A clearly laid-out 5000-word dictionary: English words appear in black and Dutch words appear in blue.

■ A basic grammar section which will enable you to build on your phrases.

It's worth spending time before you embark on your travels just looking through the topics to see what is covered and becoming familiar with what might be said to you.

Whatever the situation, your *Gem Phrase Book* is sure to help!

PRONOUNCING DUTCH

*The syllable to be stressed is marked in **heavy italics**.*
b, d, f, h, l, m, n, ng (combination), s, z like English
d at the end of a word usually sounds like t
n in words ending -en is often not pronounced properly, with the e
*which preceeds that n to sound like u (as in **hurt**)*
k, p, t like English but not aspirated
r like English but more rolled
v like English but more aspirated
w like English v but less aspirated
Dutch vowels can have short and long sounds.

DUTCH	SOUNDS LIKE	EXAMPLE	PRONUNCIATION
a	s**ma**rt	mast	mast
a/aa	**ah**	straten/maat	**strah**-tu/maht
e	b**e**st	best	best
e	h**u**rt	de	du
e/ee	**may**	negen/see	**nay**-CHu/zay
i	**i**t	witte	**wit**-tu
ie	f**ee**t	niet	neet
o	sh**o**rt	kort	kort
o/oo	**oh**	mooi/boot	mohee/boht
oe	f**oo**t	moet	moot
ou/au	**hou**se	mouw/nauw	mouw/nouw
u	h**u**rt	kunt	kunt
u/uu	**yuh**	uw	uuw
ei/ij	*ei* – no equivalent in English, try *e* and *ay* in rapid successsion.		
eu	*eu* – no equivalent in English, try *ay* through the nose with rounded lips pointing forward.		
ui	*ui* – no equivalent in English, try *e* and *i* in rapid succession with mouth open wide and more aspirated.		
g/ch	lo**ch**	mag/tochten	maCH/**toCHt**-u
j	**y**es	ja	yah
sj	**sh**ort	meisje	**mei**-shu
tj	**ch**at	diertje	**deer**-chu
sch	*sch* – no equivalent in English, try *s* and *CH* in rapid succession.		

6

You will often find the Dutch quite formal in their greetings, shaking hands both on meeting and parting.

Yes	**No**	**OK!**
Ja	Nee	O.K.
yah	*nay*	*o-kay*

Please	**Don't mention it**	**With pleasure!**
Alstublieft	Graag gedaan	Graag
als-tuu-bleeft	*CHrahCH CHu-dahn*	*CHrahCH*

Thank you	**Thanks very much**	**No, thank you**
Dank u	Dank u wel	Nee, dank u
dank uu	*dank uu wel*	*nay dank uu*

Sir / Mr	**Madam / Mrs / Ms**	**Miss**
Meneer	Mevrouw	Mejuffrouw
mu-nayr	*mu-vrouw*	*mu-yuf-frouw*

Hello!	**Goodbye!**	**Good morning**
Hallo!	Dag!	Goedemorgen
hal-loh!	*daCH!*	*CHoo-du-mor-CHu*

Good afternoon	**Good evening**	**Goodnight**
Goedemiddag	Goedenavond	Goedenacht
CHoo-du-mid-daCH	*CHoo-du-ah-vond*	*CHoo-du-naCHt*

See you tomorrow	**See you later**
Tot morgen	Tot straks
tot mor-CHu	*tot straks*

Excuse me! / Pardon	**Excuse me** *(sorry)*
Pardon!	Het spijt me
par-don	*het speit mu*

How are you?	**Fine, thanks**	**And you?**
Hoe gaat het met u?	Goed, dank u	En met u?
hoo CHaht het met uu	*CHood dank uu*	*en met uu*

I don't understand	**Do you speak English?**
Ik begrijp het niet	Spreekt u Engels?
ik bu-CHreip het neet	*spraykt uu eng-els*

7

KEY PHRASES

*The easiest way to ask for something is by naming what you want and adding the word for please, **alstublieft**.*

the *(common gender)*	**the** *(neuter)*	**a / one**
de	het	een / één
du	het *(stressed)* / ut *(unstressed)*	un / ayn

the cup	**the station**	**two cups of cofee**
de kop	het station	twee koppen koffie
du kop	het stah-**shon**	tway **kop**-pu **kof**-fee

a lager, please
een pils, alstublieft
un pils als-tuu-**bleeft**

a bottle of wine, please
een fles vijn, alstublieft
un fles vein als-tuu-**bleeft**

my...	**my name**	**my passport**
mijn...	mijn naam	mijn paspoort
mein...	mein nahm	mein **pas**-port

your...	**your name**	**your passport**
uw...	uw naam	uw paspoort
uuw...	uuw nahm	uuw **pas**-port

Do you have...?
Heeft u...?
hayft uu...

Do you have milk?
Heeft u melk?
hayft uu melk

Do you have a room?
Heeft u een kamer?
hayft uu un **kah**-mer

Do you have a town map
Heeft u een plattegrond?
hayft uu un plat-tu-**CHrond**

I'd like...
Ik wil graag...
ik wil ChrahCH...

I'd like an ice cream
Ik wil graag een ijs
ik wil ChrahCH un ice

I'd like a table
Ik wil graag een tafel
ik wil ChrahCH un **tah**-fel

I'd like cheese
Ik wil graag kaas
ik wil ChrahCH kahs

We'd like...
Wij willen graag...
wei **wil**-lu ChrahCH...

We'd like two pizzas
Wij willen graag twee pizza's
wei **wil**-lu ChrahCH tway pizzas

8

More...	**More bread**	**More water**
Meer...	Meer brood	Meer water
mayr...	*mayr brohd*	*mayr **wah**-ter*

Another...	**Another bottle**	**Another glass**
Nog een...	Nog een fles	Nog een glaas
noCH un...	*noCH un fles*	*noCH un CHlas*

How much is it?	**How much does it cost?**
Hoeveel is het?	Was kost dat?
*hoo-**vayl** is het*	*was kost dat*

large	**small**	**with**	**without**
groot	klein	met	zonder
CHroht	*klein*	*met*	***zon**-der*

Where is...?	**Where are...?**
Waar is...?	Waar zijn...?
wahr is...	*wahr zein...*

Where is the station?	**Where are the toilets?**
Waar is het station?	Waar zijn de toiletten?
*wahr is het stah-**shon***	*wahr zein du twa-**let**-tu*

How do I get ...?	**to the station**	**to the centre**
Hoe kom ik...?	bij het station	in het centrum
hoo kom ik...	*bei het shtah-**shon***	*in het **sen**trum*

There is/are...	**There isn't/aren't any...**
Er is...	Er is geen...
er is...	*er is CHayn...*

When...?	**At what time...?**	**today**	**tomorrow**
Wanneer...?	Hoe laat is...?	vandaag	morgen
*wan-**nayr**...*	*hoo laht is...*	***van**-daCH*	***mor**-CHu*

Can I...?	**Can I smoke?**	**Can I pay?**
Kan ik...?	Kan ik roken?	Kan ik betalen?
kan ik...	*kan ik **roh**-ken*	*kan ik bu-**tah**-lu*

How does this work?	**What does this mean?**
Hoe werkt dit?	Wat betekent dit?
hoo werkt dit?	*wat bu-**tay**-kent dit?*

9

POLITE EXPRESSIONS

Most people you will meet are quite informal, but when in doubt it is better to be formal and polite.

The meal was delicious
Het was lekker
het was **lek**-kur

This is a gift for you
Dit is een cadeau voor juo
dit is un **kah**-doh vohr jou

This is my husband
Dit is mijn echtgenoot
dit is mein **eCHt**-CHu-noht

You have a beautiful home
U heeft een mooi huis
uu hayft un mohee huis

Thanks for your hospitality
Bedankt voor uw gastvrijheid
bu-**dankt** vohr uuw **gast**-vrei-heid

Enjoy your holiday!
Een plezierige vakantie!
un plu-**zee**-ri-CHu vah-**kan**-tsee

Please come and visit us
Kom alstublieft op bezoek
kom als-tuu-**bleeft** op bu-**zook**

I've enjoyed myself very much
Ik heb genoten
ik heb CHu-**noh**-tu

We must stay in touch
We moeten contact houden
wu **moh**-tu con-**tact** hou-du

Thank you very much
Dank u wel
dank uu wel

Pleased to meet you
Aangenaam kennis te maken
ahn-CHu-nahm **ken**-nis tu mah-ke

This is my wife
Dit is mijn echtgenote
dit is mein **eCHt**-CHu-noh-tu

You have a beautiful garden
U heeft een mooie tuin
uu hayft un **mohee**-yu tuin

We'd like to come back
We komen graag terug
we **koh**-mu ChrayCH tu-**ruCH**

It was nice seeing you again
Het was leuk u weer te zien
ut was leuk uu wayr tu zeen

12

I wish you a... *(formal)*
Ik wens u...
ik wens uu...

I wish you a... *(informal)*
Ik wens je...
ik wens yu...

Merry Christmas!
Vrolijk Kerstfeest!
vroh-luk kerst-fayst

Happy New Year!
Gelukkig Nieuwjaar!
gu-luk-kiCH neew-jahr

Happy birthday!
Prettige verjaardag!
pret-ti-CHu ver-jahr-daCH

A good trip!
Een goede reis!
un CHoo-du reis

Best wishes!
De beste wensen!
du bes-tu wen-su

Welcome!
Welkom!
wel-kom

Enjoy your meal!
Eet smakelijk!
ayt smah-ku-luk

Thanks, and you too!
Dank u,u ook!
dank uu uu ohk

Cheers!
Proost!
prohst

Congratulations! *(having a baby, getting married, etc.)*
Gefeliciteerd!
CHe-fay-li-ci-tayrd

see also **MAKING FRIENDS** ☐ **LETTERS**

MAKING FRIENDS

In this section we have used the familiar form je for the questions.

What's your name?
Wat is jouw naam?
wat is jouw nahm

My name is...
Mijn naam is...
mein nahm is...

How old are you?
Hoe oud ben je?
hoo oud ben yu

I'm ... years old
Ik ben...
ik ben...

Are you Dutch? *(male/female)*
Ben je Nederlander (Nederlandse)?
*ben yu **nay**-der-lan-der (**nay**-der-land-su)*

I'm English / Scottish / Welsh *(male/female)*
Ik ben Engelsman (Engelse) / Schot (Schotse) / Wels (Welse)
*ik ben **eng**-els-man (**eng**-el-su) / schot (**schot**-su) / wels (**wel**-su)*

I live in London
Ik woon in Londen
*ik wohn in **lon**-dun*

We live in Glasgow
Wij wonen in Glasgow
*wei **woh**-nu in **glas**-gou*

I'm still studying	**I work**	**I'm retired**
Ik studeer nog	Ik werk	Ik ben gepensioneerd
*ik **stuu**-dayr noCH*	*ik werk*	*ik ben CHu-pen-see-oh-**nayrd***

I'm...	**single**	**married**	**divorced**
Ik ben...	alleen	getrouwd	gescheiden
ik ben...	*al-**layn***	*CHu-**trouwd***	*CHu-**schei**-du*

I have...	**a boyfriend**	**a girlfriend**	**a partner**
Ik heb...	een vriend	een vriendin	een partner
ik heb...	*un vreend*	*un vreen-**din***	*un **part**-ner*

I have ... children	**I have no children**
Ik heb ... kinderen	Ik heb geen kinderen
*ik heb ... **kin**-du-ru*	*ik heb CHayn **kin**-du-ru*

I'm here...	**on holiday**	**for work**
Ik ben hier...	op vakantie	om te werken
ik ben heer...	*op vah-**kan**-tsee*	*om tu **wer**-ku*

14

What work do you do?
Wat voor werk doet u?
wat vohr werk doot uu

Do you enjoy it?
Vindt u het leuk?
vindt uu het leuk

I'm...	**a doctor**	**a teacher** *(male/female)*
Ik ben...	dokter	leraar / lerares
ik ben...	**dok**-tur	*le-rahr / le-rah-res*

I work in...	**a shop**	**a factory**	**a bank**
Ik werk in...	een winkel	een fabriek	een bank
ik werk in...	*un **win**-kel*	*un fah-**breek***	*un bank*

I work from home
Ik werk thuis
ik werk tuis

I'm self-employed
Ik ben zelfstandig ondernemer
*ik ben zelf-**stan**-diCH on-der-**nay**-mer*

I have been unemployed for...
Ik ben ... werkloos
*ik ben ... **werk**-lohs*

...months
...maanden
*...**mahn**-du*

It's very difficult at the moment to get a job
Het is op dit moment erg moeilijk een baan te vinden
*het is op dit moh-**ment** erCH **mooee**-luk un bahn tu **vin**-du*

What are your hours?
Wat zijn uw werktijden?
*wat zein uuw **werk**-tei-du*

I work from 9 to 5
Ik werk van 9 tot 5
*ik werk van **nay**-CHu tot veif*

from Monday to Friday
van maandag tot en met vrijdag
*van **mahn**-daCH tot en met **vrei**-daCH*

How much holiday do you get?
Hoeveel vakantie krijgt u?
*hoo-vayl vah-**kan**-tsee kreiCHt uu*

What do you want to be when you grow up?
Wat wil je worden als je groter bent?
*wat wil yu **wor**-du als yu **CHroh**-tur bent*

---

see also **MAKING FRIENDS** ☐ **BUSINESS**   15

ZONNIG **zon**-niCH	CLEAR / SUNNY
REGEN **ray**-CHu	RAIN
MIST mist	FOG
BEWOLKT bu-**wolkt**	CLOUDY

It's sunny
De zon schijnt
du zon scheint

It's raining
Het regent
het ray-CHent

It's snowing
Het sneeuwt
het snaywt

It's windy
Het waait
het waheet

What a lovely day!
Wat een mooie dag!
*wat un **mohee**-yu daCH*

What awful weather!
Wat een verschrikkelijk weer!
*wat un ver-**schrik**-ku-luk wayr*

What will the weather be like tomorrow?
Wat voor weer krijgen we morgen?
*wat vohr wayr **krei**-CHu wu **mor**-CHu*

Do you think it will rain?
Gaat het regenen?
*CHaht het **ray**-CHu-nu*

Do I need an umbrella?
Heb ik een paraplu nodig?
*heb ik un pah-rah-**pluu** noh-diCH*

When will it stop raining?
Wanneer stopt het met regenen?
*wan-**nayr** stopt het met **ray**-CHu-nu*

It's very hot
Het is erg heet
het is erCH hayt

Do you think there will be a storm?
Komt er storm?
komt er storm

Do you think it will snow?
Gaat het sneeuwen?
*CHaht het **snay**-wu*

What is the temperature?
Wat is de temperatuur?
*wat is du tem-pu-rah-**tuur***

Is the ice strong enough for skating?
Is het ijs sterk genoeg om te schaatsen?
*is het eis sterk CHu-**nooCH** om tu **schaht**-su*

TEGENOVER *tay*-CHu-oh-ver	OPPOSITE
NAAST *nahst*	NEXT TO
VLAKBIJ **vlak**-bei	NEAR TO
STOPLICHTEN, DE **stop**-liCH-tu	TRAFFIC LIGHTS
OP DE HOEK *op du hook*	AT THE CORNER

Excuse me, sir / madam!
Pardon meneer / mevrouw!
par-don mu-*nayr* / mu-*vrouw*

How do I get...?
Hoe kom ik...?
hoo kom ik...

to the station
bij het station
*bei het stah-**shon***

to the Rijksmuseum
bij het Rijksmuseum
*bei het **reiks**-muu-say-yum*

to the Dam square
op de Dam
op du dam

We're looking for...
Wij zoeken...
*wei **zoo**-ku...*

Is it far?
Is het ver?
is het ver

Can I walk there?
Kan ik er heen lopen?
kan ik er hayn loh-pu

We're lost
Wij zijn verdwaald
*wei zein ver-**dwahld***

Is this the right way to...?
Is dit de goede weg naar...?
*is dit du **CHoo**-du weCH nahr...*

How do I get onto the motorway?
Hoe kom ik op de autoweg?
*hoo kom ik op du **ou**-toh-weCH*

Can you show me where it is on the map?
Kunt u mij laten zien waar het op de kaart is?
*kunt uu mei **lah**-tu zeen wahr het op du kahrt is*

■ **YOU MAY HEAR**

Na de brug
nah du bruCH
After the bridge

Ga links / rechts
CHah links / reCHts
Turn left / right

Ga rechtdoor totdat u bij ... komt
*CHah **reCHt**-dor tot-**dat** uu bei ... komt*
Keep straight on until you get to...

see also **MAPS & GUIDES**

17

For local Dutch public transport you need to buy a multiple-journey card (10 or more journeys) called **strippenkaarta**.

Is there a bus to...?
Is er een bus naar...?
is er un bus nahr...

Which bus goes to...?
Welke bus gaat naar...?
***wel*-ku bus CHaht nahr...**

Where do I catch the bus to...?
Waar neem ik de bus naar...?
wahr naym ik du bus nahr...

We're going to...
We gaan naar...
wu CHahn nahr...

Where do they sell strippenkaarten?
Waar verkopen ze strippenkaarten?
*wahr ver-**koh**-pu zu **strip**-pu-kahr-tu*

How much is it to...?
Hoeveel is het naar...?
***hoo*-vayl is het nahr...**

the centre	the beach	the airport	Amsterdam
het centrum	het strand	het vliegveld	Amsterdam
het **cen**-trum	het strand	het **vleeCH**-veld	am-ster-**dam**

How often are the buses to...?
Hoe vaak gaan er bussen naar...?
*hoo vahk CHahn er **bus**-su nahr...*

When is the first / last bus to...?
Hoe laat gaat de eerste / laatste bus naar...?
*hoo laht CHaht du **ayr**-stu / **laht**-stu bus nahr...*

Tell me when I must get off, please
Zeg me wanneer ik moet uitstappen, alstublieft
*zeCH mu wan-**nayr** ik moot **uit**-stap-pu als-tuu-**bleeft***

I want to get off, please
Ik wil uitstappen, alstublieft
*ik wil **uit**-stap-pu als-tuu-**bleeft***

This is my stop
Dit is mijn halte
*dit is mein **hal**-tu*

■ YOU MAY HEAR

De bus stopt niet in...
du bus stopt neet in...
This bus doesn't stop in...

U moet de ... nemen
*uu moot du ... **nay**-mu*
You have to catch the...

see also **METRO** □ **TAXI** □ **LUGGAGE**

*Like other forms of public transport, the metro uses **strippenkaarten** which are valid for 10 journeys or more.*

INGANG *in*-CHang	**ENTRANCE**
UITGANG *uit*-Chang	**WAY OUT / EXIT**

Where is the nearest metro station?
Waar is het dichtstbijzijnde metrostation?
*wahr is het **diCHtst**-bei-zein-du **may**-troh-stah-shon*

How does the (ticket) machine work?
Hoe werkt de stempelautomaat?
*hoo werkt du **stem**-pel-ou-toh-maht*

I'm going to...
Ik ga naar...
ik CHah nahr...

How do I get to...?
Hoe kom ik in...?
hoo kom ik in...

Do I have to change?
Moet ik overstappen?
*moot ik **oh**-ver-stap-pu*

Which line is it for...?
Welke lijn gaat naar...?
***wel**-ku lein CHaht nahr...*

In which direction?
In welke richting?
*In **wel**-ku **riCH**-ting*

What is the next stop?
Wat is de volgende halte?
*wat is du **vol**-CHen-du **hal**-tu*

Excuse me!
Pardon!
*par-**don**!*

Let me through, please
Laat me erdoor, alstublieft
*laht mu er-**dohr** als-tuu-**bleeft***

I'm getting off here
Ik stap hier uit
ik stap heer uit

see also **BUS & COACH** ☐ **TAXI**

Trains have two types of compartments: 1st class and 2nd class, both with smoking and non-smoking sections.

NS *en-es*	**DUTCH NATIONAL RAILWAYS**
(Nederlandse Spoorwegen)	
INTERCITY *intercity*	**INTERCITY**
SNELTREIN **snel**-*trein*	**FAST TRAIN**
STOPTREIN **stop**-*trein*	**SLOW TRAIN**
TOESLAG *too-slaCH*	**SUPPLEMENT PAYABLE**
PERRON / SPOOR *per-**ron** / spohr*	**PLATFORM**

When is the next train to...?
Hoe laat vertrekt de volgende trein naar...?
*hoo laht ver-**trekt** de **vol**-CHen-du trein nahr...*

Two return tickets to...
Twee retour naar...
*tway ru-**toor** nahr...*

A single to...
Een enkeltje naar...
*un **en**-kel-chu nahr...*

1st / 2nd class
Eerste / Tweede klas
*ayr-stu / **tway**-du klas*

Smoking
Roken
***roh**-ku*

Non smoking
Niet roken
*neet **roh**-ku*

Is there a supplement to pay?
Is er een toeslag?
*is er un **too**-slaCH*

I want to book a seat on the international train to...
Ik wil een plaats reserveren op de internationale trein naar...
*ik wil un plahts ray-ser-**vay**-ru op du in-ter-na-tee-oh-**nah**-le trein nahr...*

When is the first / last train to...?
Hoe laat vertrekt de eerste / laatste trein naar...?
*hoo laht ver-**trekt** de **ayr**-stu / **laht**-stu trein nahr...*

When does it arrive in...?
Hoe laat komt hij aan in...?
hoo laht komt hei ahn in...

Do I have to change?
Moet ik overstappen?
*moot ik **oh**-ver-stap-pu*

Where?
Waar?
wahr

How long is there to get the connection?
Hoe lang heb ik om over te stappen?
*hoo lang heb ik om **oh**-ver tu **stap**-pu*

Which platform does it leave from?
Van welk spoor vertrekt de trein?
*van welk spohr ver-**trekt** du trein*

Is this the right platform for the train to...?
Is dit het goede perron voor de trein naar...?
*is dit het **CHoo**-du per-**ron** vohr du trein nahr...*

Is this the train for...?
Gaat deze trein naar...?
*CHaht **day**-zu trein nahr...*

When will it leave?
Hoe laat vertrekt hij?
*hoo laht ver-**trekt** hei*

Why is the train delayed?
Waarom heeft de trein vertraging?
*wahr-**om** hayft de trein ver-**trah**-CHing*

Does the train stop at...?
Stopt de trein in...?
stopt du trein in...

Could you let me know when we get to...
Kunt u mij waarschuwen wanneer wij aankomen in...
*kunt uu mei **wahr**-schuu-wu wan-**nayr** wei ahn-**koh**-mu in...*

Is there a buffet on the train?
Is er een restauratie in de trein?
*is er un res-tou-**rah**-tsee in du trein*

Is this seat free?
Is deze plaats vrij?
*is **day**-zu plahts vrei*

Excuse me
Pardon
*par-**don***

■ **YOU MAY HEAR**

De intercity naar ..., staat gereed op spoor...
*du in-ter-ci-tee nahr ... staht CHu-**rayd** op spohr...*
The intercity train to ..., is now ready on platform...

see also LUGGAGE

21

TAXI

I need a taxi
Ik heb een taxi nodig
ik heb un tak-**see** noh-diCH

Where is the taxi rank?
Waar is de taxistandplaats?
wahr is du tak-**see**-stand-plahts

Please order me a taxi
Wilt u alstublieft een taxi bestellen
wilt uu als-tuu-**bleeft** un tak-**see** bu-**stel**-lu

straightaway
direct
dee-**rekt**

for (time)
voor...
vohr...

How much will the taxi cost to...?
Hoeveel kost de taxi naar...?
hoo-vayl kost du tak-**see** nahr...

the centre
het centrum
het cen-**trum**

the station
het station
het stah-**shon**

the airport
het vliegveld
het **vlieCH**-veld

this address
dit adres
dit ah-**dres**

Please take me / us to...
Breng mij / ons alstublieft naar...
breng mei / ons als-tuu-**bleeft** nahr...

How much is it?
Hoeveel is het?
hoo-vayl is het

Why are you charging me so much?
Waarom vraagt u zoveel?
wahr-**om** vrahCHt uu zoh-**vayl**

That is more than on the meter
Dat is meer dan op de meter
dat is mayr dan op du **may**-ter

Keep the change
Laat zo maar zitten
laht zoh mahr **zit**-tu

Sorry, I don't have any change
Sorry, ik heb geen kleingeld
sor-**ree** ik heb CHayn **klein**-CHeld

I'm in a hurry
Ik heb haast
ik heb hahst

Is it far?
Is het ver?
is het ver

I have to catch the ... o'clock flight / train to...
Ik moet de vlucht / trein van ... uur naar ... halen
ik moot de vluCHt van ... uur nahr ... **hah**-lu

22   see also **LUGGAGE** ☐ **BUS & COACH** ☐ **METRO**

OVERSTEEK **oh**-ver-stayk	CROSSING
REIS *reis*	JOURNEY
CABINE cah-**bee**-nu	CABIN

When is the next boat / ferry to...?
Wanneer vertrekt de volgende boot / veerboot naar...?
wan-nayr ver-**trekt** du **vol**-CHen-du boht / **vayr**-boht nahr...

Have you a timetable?
Heeft u een dienstregeling?
hayft uu un **deenst**-ray-CHu-ling

Is there a car ferry to...?
Is er een autoveer naar...?
is er un **ou**-toh-vayr nahr...

How much is a ticket...?
Hoeveel is een kaartje...?
hoo-vayl is un **kahr**-chu...

single	return
enkel	retour
en-kel	ru-**toor**

A day return
Een dagretour
un daCH-ru-**toor**

How much is the crossing for a car and ... people?
Hoeveel is de oversteek voor een auto en ... personen?
hoo-vayl is du **oh**-ver-stayk vohr un **ou**-toh en ... per-**soh**-nu

How long is the journey?
Hoelang duurt de reis?
hoo-lang duurt du reis

What time do we get to...?
Hoe laat komen we aan in...?
hoo laht **koh**-mu wu ahn in...

Where does the boat leave?
Waar vertrekt de boot?
wahr ver-**trekt** du boht

When is the first / last boat?
Hoe laat is de eerste / laatste boot?
hoo laht is du **ayr**-stu / **laht**-stu boht

Is there a restaurant / snack bar on board?
Is er een restaurant / snackbar aan boord?
is er un res-tou-**rant** / **snack**-bar ahn bohrd

23

Most signs are in Dutch and English and you may go through the airport without having to speak any Dutch.

AANKOMST *ahn*-komst	ARRIVALS
VERTREK ver-*trek*	DEPARTURES
VLUCHT *vluCHt*	FLIGHT
VERTRAGING ver-*trah*-CHing	DELAY

How do I get to the airport?
Hoe kom ik op het vliegveld?
hoo kom ik op ut vleeCH-veld

To the airport, please
Naar het vliegveld, alstublieft
nahr ut vleeCH-veld, als-tuu-bleeft

How long does it take to get to the airport?
Hoe lang duurt het om naar het vliegveld te gaan?
hoo lang duurt ut om nahr ut vleeCH-veld tu CHahn

How do I get to the centre of (name town)...?
Hoe kom ik in het centrum van...?
hoo kom ik in het cen-trum van...

How much is a taxi...?   into town   to the hotel
hoeveel is een taxi...?   naar de stad   naar het hotel
hoo-vayl is un tak-see...   nahr du stad   nahr het hoh-tel

Is there a bus or train to the city centre?
Is er een bus of trein naar het centrum?
is er un bus of trein nahr het cen-trum

Where is the luggage for the flight from...?
Waar is de bagage van de vlucht uit...?
wahr is du bah-CHah-shu van du vluCHt uit...

Where do I check in for the flight to...?
Waar moet ik inchecken voor de vlucht naar...?
whar moot ik in-check-u vohr du vluCHt nahr...

My luggage hasn't arrived
Mijn bagage is niet aangekomen
mein bah-CHah-shu is neet ahn-CHu-koh-mu

see also **LUGGAGE □ BUS □ METRO □ TAXI**

*With the single European Market, European Union (EU) citizens are subject only to highly selective spot checks and they can go through the blue customs channel (unless they have goods to declare). There is no restriction, either by quantity or value, on goods purchased by travellers in another EU country provided they are **for their own personal use** (guidelines have been published). If you are unsure of certain items, check with the customs officials as to whether payment of duty is required.*

PASPOORTCONTROLE **pas**-port-con-troh-lu	PASSPORT CONTROL
EU PASPOORTHOUDERS ay uu **pas**-port-hou-ders	EU PASSPORT HOLDERS
DOUANE **doo**-ah-nu	CUSTOMS CONTROL
NIETS AAN TE GEVEN neets ahn tu **geh**-vu	NOTHING TO DECLARE
AANGIFTE GOEDEREN **ahn**-CHif-tu **CHoo**-du-ru	ARTICLES TO DECLARE

Do I have to pay duty on this?
Moet ik hiervoor invoerrechten betalen?
*moot ik **heer**-vohr in-**voor**-rech-tu be-**tah**-lu*

This is a gift
Dit is een cadeau
*dit is un kah-**doh***

It is for my own personal use
Het is voor mijn persoonlijk gebruik
*het is vohr mein per-**sohn**-luk CHu-**bruik***

We are on our way to... *(if in transit through a country)*
Wij zijn op weg naar...
wei zein op weCH nahr...

The children are on this passport
De kinderen staan op dit paspoort
*du **kin**-du-ru stahn op dit **pas**-port*

Priority road

End of
priority road

Route for
pedal cycle
and mopeds
only

Danger. Details
of the danger
are shown on
the plate
beneath.

AUTOWEG

motorway

No parking
bicycles or
mopeds

taxi

Taxi rank

Parking facilities
only for the
category of
group of
vehicles shown

vergunning-
houders

Parking for
permit-
holders
only

P+R

Park and
ride
facilities

LANGZAAM RIJDEN

slow down

VLIEGVELD ➤

airport

north
Noord

West | Oost
west | east

Zuid
south

CENTRUM ⟩

town centre

OMWEG ⟩

detour

⟨ RONDWEG

bypass

UITGANG

exit

⟨ LINKS | RECHTS ⟩

left | right

European route number.
In green panel prefixed
by E

Motorway number.
Red panel prefixed by A

N212

Minor routes are in yellow
panel and prefixed by N

Signpost within a built-up
area showing district
numbers (in traffic areas)

27

CAR HIRE

RIJBEWIJS *rei*-bu-weis	DRIVING LICENCE
VERZEKERING ver-*zay*-ku-ring	INSURANCE
ACHTERUIT-VERSNELLING aCH-ter-*uit*-ver-snel-ling	REVERSE GEAR

I want to hire a car
Ik wil een auto huren
*ik wil un **ou**-toh **huu**-ru*

for ... days
voor ... dagen
*vohr ... **dah**-CHu*

for the weekend
voor het weekeinde
*vohr het **wayk**-ein-du*

How much is it...?
Hoeveel is het...?
***hoo**-vayl is het...*

per day
per dag
per daCH

per week
per week
per wayk

How much is the deposit?
Hoeveel is de waarborgsom?
***hoo**-vayl is du **wahr**-borCH-som*

Is there a mileage (kilometre) charge?
Is er een kilometertoeslag?
*is er un **kee**-loh-may-ter-too-slaCH*

How much?
Hoeveel?
***hoo**-vayl*

Is fully comprehensive insurance included in the price?
Is een all-in verzekering inbegrepen in de prijs?
*is un all-in ver-**zay**-ku-ring in-bu-**gray**-pu in du preis*

Do I have to return the car here?
Moet ik de auto hier terugbrengen?
*moot ik du **ou**-toh heer tu-**ruCH**-breng-u*

By what time?
Hoe laat?
hoo laht

I'd like to leave the car in...
Ik wil de auto laten staan in...
*ik wil du **ou**-toh **lah**-tu stahn in...*

Can you show me how the controls work?
Kunt u me laten zien hoe de besturing werkt?
*kunt uu mu **lah**-tu zeen hoo du bu-**stuu**-ring werkt*

■ YOU MAY HEAR

Breng de auto met een volle tank terug, alstublieft
*breng du **ou**-toh met un **vol**-lu tank tu-**ruCH** als-tuu-**bleeft***
Return the car with a full tank, please

see also ROAD SIGNS

Speed limits are usually 100 kilometres per hour on the motorway and 50 kilometres in towns or less in designated areas. In general, free parking is difficult to find in town, with a limited amount of parking spaces.

Can I park here?
Kan ik hier parkeren?
kan ik heer par-**kay**-ru

How long for?
Hoelang?
hoo-lang

Where is the best place to park?
Waar is de beste parkeerplaats?
wahr is du **bes**-tu par-**kehr**-plahts

Do I have to pay?
Moet ik betalen?
moot ik bu-**tah**-lu

Do I need a parking ticket?
Heb ik een parkeerkaart nodig?
heb ik un par-**kehr**-kahrt **noh**-diCH

We're going to...
Wij gaan naar...
wei CHahn nahr...

What is the best route?
Wat is de beste route?
wat is du **bes**-tu **roo**-tu

How do I get to the motorway?
Hoe ga ik naar de autoweg?
hoo CHah ik nahr du **ou**-toh-weCH

Which junction is it for...?
Welke afslag is voor...?
wel-ku **af**-salCH is vohr...

Is the motorway busy?
Is de autoweg druk?
is du **ou**-toh-weCH druk

What is the best time to drive?
Wat is de beste tijd om te rijden?
wat is de **bes**-tu teid om tu **rei**-du

see also **BREAKDOWN** ☐ **PETROL**

29

SUPER *suu*-pur	**4 STAR**
LOODVRIJ *lohd*-**vrei**	**UNLEADED**
DIESEL *dee*-sel	**DIESEL**
BENZINE ben-**zee**-nu	**PETROL**
BENZINEPOMP ben-**zee**-nu-pomp	**PETROL PUMP**

Is there a petrol station near here?
Is er een benzinepomp in de buurt?
*is er un ben-**zee**-nu-pomp in du buurt*

Fill it up, please
Volmaken, alstublieft
*vol-**mah**-ku als-tuu-**bleeft***

Can you check the oil / water?
Kunt u olie / water controleren?
*Kunt uu **oh**-lee / **wah**-ter kon-**troh**-lay-ru*

...euro worth of unleaded petrol, please
...euro loodvrije benzine, alstublieft
*...eu-**roh** lohd-vrei-yu ben-**zee**-nu als-tuu-**bleeft***

Where is...?	**the air pump**	**the water**
Waar is...?	de luchtpomp	het water
wahr is...	*du **luCHt**-pomp*	*het **wah**-ter*

Can you check the tyre pressure, please?
Kunt u de spanning van de banden controleren, alstublieft?
*kunt uu du **span**-ning van de **ban**-du kon-**troh**-lay-ru als-tuu-**bleeft***

Fill this can with petrol, please
Vul dit blik met benzine, alstublieft
*vul dit blik met ben-**zee**-nu als-tuu-**bleeft***

Can I pay with this credit card?
Kan ik met deze creditcard betalen?
*kan ik dit met **day**-ze **cre**-dit-card bu-**tah**-lu*

■ **YOU MAY HEAR**

Welke pomp heeft u gebruikt?
*wel-ku pomp hayft uu CHu-**bruikt***
Which pump did you use?

 see also **BREAKDOWN**

Can you help me?
Kunt u me helpen?
*kunt uu mu **hel**-pu*

The car won't start
De auto wil niet starten
*du **ou**-toh wil neet **star**-tu*

I've run out of petrol
Ik heb geen benzine meer
*ik heb gayn ben-**zee**-nu mayr*

The engine is overheating
De motor is oververhit
*du **moh**-ter is **oh**-ver-ver-hit*

I need water
Ik heb water nodig
*ik heb **wah**-ter **noh**-diCH*

I've a flat tyre
Ik heb een lekke band
*ik heb un **lek**-ku band*

My car has broken down
Mijn auto is kapot
*mein **ou**-toh is **kah**-pot*

Can you give me a push?
Kunt u mij duwen?
*kunt uu mei **duu**-wu*

Is there a garage near here?
Is er een garage in de buurt?
*is er un CHah-**rah**-shu in de buurt*

The battery is flat
De accu is leeg
*du **ak**-kuu is layCH*

The petrol / oil is leaking
De benzine / olie lekt
*du ben-**zee**-nu / **oh**-lee lekt*

I can't get the wheel off
Ik krijg het wiel er niet af
ik kreiCH het weel er neet af

Can you tow me to the nearest garage?
Kunt u mij naar de dichtstbijzijnste garage slepen?
*kunt uu mei nahr du **diCHt**st-bei-zein-ste CHa-**rah**-shu **slay**-pu*

Do you have parts for a (make of car)**...?**
Heeft u onderdelen voor...?
*hayft uu **on**-der-day-lu vohr...*

The ... doesn't work properly (see CAR PARTS)
De / Het ... werkt niet goed
du / het ... werkt neet CHood

Can you replace the windscreen?
Kunt u mijn voorruit vervangen?
*kunt uu mein **vohr**-ruit ver-**vang**-u*

see also CAR PARTS ☐ REPAIRS   31

CAR PARTS

The ... doesn't work De/het ... werkt niet *du/het ... werkt neet*	The ... don't work De ... werken niet *de ... wer-ku neet*

accelerator	gaspedaal, het *CHas-pu-dahl*
battery	accu, de *ak-kuu*
bonnet	motorkap, de *moh-tor-kap*
brakes	remmen, de *rem-mu*
choke	choke, de *shohk*
clutch	koppeling, de *kop-pu-ling*
distributor	verdeler, de *ver-day-ler*
engine	motor, de *moh-tor*
exhaust pipe	uitlaat, de *uit-laht*
fuse	zekering, de *zay-ku-ring*
gears	versnellingen, de *ver-snel-ling-u*
handbrake	handrem, de *hand-rem*
headlights	koplampen, de *kop-lamp-u*
ignition	ontsteking, de *ont-stay-king*
indicator	richtingaanwijzer, de *riCH-ting-ahn-wei-zer*
points	contact, het *kon-takt*
radiator	radiator, de *rah-dee-ah-tor*
rear lights	achterlichten, de *aCH-ter-liCH-tu*
seat belt	autogordel, de *ou-toh-CHor-del*
spare wheel	reservewiel, het *ru-ser-vu-weel*
spark plugs	bougie, de *boo-shee*
steering	stuurinrichting, de *stuur-in-viCH-ting*
steering wheel	stuurwiel, het *stuur-weel*
tyre	band, de *band*
wheel	wiel, het *weel*
windscreen	voorruit, de *vohr-ruit*
windscreen wiper	ruitenwisser, de *rui-tu-wis-ser*

If you haven't booked your accommodation, check with the local tourist office to see if they have a list of hotels and guesthouses. You can also book accommodation through the Netherlands Board of Tourism website, *www.Holland.com*

KAMERS VRIJ *kah-mers vrei*	ROOMS AVAILABLE
VOL *vol*	NO VACANCIES

Do you have a room for tonight?
Heeft u een kamer voor vannacht?
hayft uu un kah-mer vohr van-naCHt

Is there a hotel here?
Is er hier een hotel?
is er heer un hoh-tel

Do you have any vacancies?
Heeft u een kamer vrij?
hayft uu un kah-mur vrei

Do I have to book?
Moet ik reserveren?
moot ik ray-sur-vay-ru

I'd like a room...
Ik wil een kamer...
ik wil un kah-mur...

double
tweepersoons
tway-per-sohns

single
eenpersoons
ayn-per-sohns

with bath
met een bad
met un bad

with shower
met een douche
met un doosh

twin-bedded
met twee bedden
met tway beddu

with a double bed
met een tweepersoonsbed
met un tway-per-sohns-bed

with an extra bed for a child
met een extra bed voor een kind
met un extrah bed vohr un kind

A room that looks...
Een kamer die uitkijkt...
un kah-mur dee uitkeikt...

onto the garden
op de tuin
op du tuin

onto the sea
op de zee
op du zay

We'd like two rooms next to each other
Wij willen twee kamers naast elkaar
wei wil-lu tway kah-murs nahst elkahr

cont...

HOTEL (BOOKING)

We'll stay ... nights
Wij blijven ... nachten
*wei **blei**-vu ... **naCH**-tu*

from ... till...
van ... tot...
van ... tot...

I will confirm...
Ik zal bevestigen...
*ik zal bu-**ves**-ti-CHu...*

by letter
per brief
per breef

by fax
per fax
per fax

How much is it...?
Hoeveel is het...?
***hoo**-vayl is het...*

per night
per nacht
per naCHt

per week
per week
per wayk

Is dinner included?
Is het diner inbegrepen?
*is het dee-**nay** in-bu-**CHray**-pu*

Have you anything cheaper?
Heeft u iets goedkopers?
*hayft uu eets **CHood**-koh-pers*

Only bed and breakfast
Alleen een kamer met ontbijt
*al-**layn** un **kah**-mur met ont-beit*

Can you suggest somewhere else?
Kunt u iets anders suggereren?
*kunt uu eets **an**-ders suCH-CHU-**ray**-ru*

■ YOU MAY HEAR

We zijn vol
wu zein vol
We're full up

Voor hoeveel nachten?
*vohr **hoo**-vayl **naCH**-tu*
For how many nights?

Uw naam, alstublieft
*uuw nahm als-tuu-**bleeft***
Your name, please?

Bevestig alstublieft...
*bu-**ves**-TiCH als-tuu-**bleeft**...*
Please confirm...

per brief
per breef
by letter

per fax
per fax
by fax

You will find that English is widely spoken.

I booked a room...
Ik heb een kamer gereserveerd...
*ik heb un **kah**-mer CHu-**ray**-ser-vayrd...*

in the name of...
op naam van...
op nahm van...

I'd like to see the room
Ik wil de kamer graag zien
*ik wil du **kah**-mer CHrahCH zeen*

Have you anything else?
Heeft u iets anders?
*hayft uu eets **an**-ders*

Where can I park the car?
Waar kan ik de auto parkeren?
*wahr kan ik du **ou**-toh par-**kay**-ru*

What time is...?
Hoe laat is het...?
hoo laht is het...

dinner
diner
*dee-**nay***

breakfast
ontbijt
*ont-**beit***

We'll be back late tonight
Wij komen vanavond laat terug
*wei **koh**-mu van-**ah**-vond laht tu-**ruCH***

Do you lock the door?
Doet u de deur op slot?
doot uu du deur op slot

The key for room number...
De sleutel voor kamer nummer...
*du **sleu**-tel vohr **kah**-mer **num**-mer...*

Are there any messages for me?
Zijn er boodschappen voor mij?
*zein er **bohd**-schap-pu vohr mei*

I'm leaving tomorrow
Ik vertrek morgen
*ik ver-**trek mor**-CHu*

Prepare the bill, please
Wilt u de rekening alvast opmaken
*wilt uu du **ray**-ku-ning al-**vast** op-**mah**-ku*

Can I leave my luggage until...?
Kan ik mijn bagage hier laten tot...?
*kan ik mein bah-**CHa**-shu heer **lah**-tu tot...*

CAMPING

*Local tourist offices have information on **campings***

Do you have a list of campsites with prices?
Heeft u een lijst van campings met prijzen?
*hayft uu un leist met **kem**-pings met **prei**-zu*

How far is...?	**the beach**	**the wood**
Hoe ver is...?	het strand	het bos
hoo ver is...	*het strand*	*het bos*

Is there a restaurant on the campsite?
Is er een restaurant op de camping?
*is er un res-tou-**rant** op de **kem**-ping*

Do you have any vacancies?
Zijn er vrije staanplaatsen?
*zein er **vrei**-u stahn-plaaht-su*

Are there showers?
Zijn er douches?
*zein er **doo**-shes*

Is there hot water / electricity?
Is er warm water / elektriciteit?
*is er warm **wah**-ter / ay-leck-tree-cee-**teit***

Is this included in the price?
Is dit inbegrepen in de prijs?
*is dit in-bu-**gray**-pu in de preis*

We'd like to stay for ... nights
Wij willen ... nachten blijven
*wei **wil**-lu ... **naCH**-tu **blei**-vu*

How much is it per night...?	**for a tent**	**per person**
Hoeveel is het per nacht...?	voor een tent	per persoon
***hoo**-vayl is het per naCHt...*	*vohr un tent*	*per per-**sohn***

Can we camp here overnight?
Kunnen we hier vannacht kamperen?
*kun-nu wu heer van-**naCHt** kem-**pay**-ru*

36

When you are staying in self-catering accommodation, bear in mind that there are regulations for separation of rubbish for recycling purposes.

Can we have an extra set of keys?
Kunnen we extra sleutels krijgen?
kun-nu we ex-trah sleu-tels krei-CHu

When does the cleaner come?
Wanneer wordt er schoongemaakt?
Wan-nehr wordt er sCHohn-CHu-mahkt

Who do we contact if there are problems?
Met wie nemen we contact op als er problemen zijn?
met wee nay-mu wu con-tact op als er proh-blay-mu zein

How does the heating work?
Hoe werkt de verwarming?
hoo werkt du ver-war-ming

Is there always hot water?
Is er altijd heet water?
is er al-teid hayt wah-ter

Where is the nearest supermarket?
Waar is de dichstbijzijnde supermarkt?
wahr is du diCHst-bei-zein-du suu-per-markt

Where do we leave the rubbish?
Waar laten we het afval?
wahr lah-tu wu ut af-val

When is the rubbish collected?
Wanneer wordt het afval opgehaald?
wan-nayr wordt ut af-val op-CHu-hahld

Where is the bottle bank?
Waar is de flessenbak?
wahr is du fles-su-bak

What are the neighbours called?
Hoe heten de buren?
hoo hay-tu de buu-ru

see also **SIGHTSEEING & TOURIST OFFICE**

SHOPPING PHRASES

Some shops close for lunch approx. 12.30 to 1.30 pm. Department stores remain open all day. During the week most shops shut for at least half a day. The actual closing day differs from town to town.

How do I get to the shopping area?
Hoe kom ik bij het winkelcentrum?
hoo kom ik bei het win-kel-cen-trum

I'm looking for a present for...   **my mother**   **a child**
Ik zoek een cadeau voor...   mijn moeder   een kind
ik zook un kah-doh voor...   *mein moo-der*   *un kind*

Where do they sell...?   **toys**   **gifts**
Waar verkopen ze...?   speelgoed   cadeautjes
wahr ver-koh-pu zu...   *spayl-CHood*   *kah-doh-chus*

Can you recommend any good shops?
Kunt u een goede winkel aanbevelen?
kunt uu un CHoo-du win-kel ahn-bu-vay-lu

Which floor is the shoe department on?
Op welke verdieping is de schoenenafdeling?
op wel-ku ver-dee-ping is du schoo-nu-af-day-ling

I'd like something similar to this
Ik wil graag iets wat hier op lijkt
ik wil CHrahCH eets wat heer op leikt

It's too expensive for me   **Have you anything else?**
Het is te duur voor mij   Heeft u iets anders?
het is tu duur vohr mei   *hayft uu eets an-ders*

Is there a market?   **On which day?**
Is er een markt?   Op welke dag?
is er un markt   *op wel-ku daCH*

■ **YOU MAY HEAR**

Kan ik u helpen?   Anders nog iets?
kan ik uu hel-pu   *an-ders noCH eets*
Can I help you?   **Would you like anything else?**

38   see also **FOOD** ▢ **CLOTHES** ▢ **POST OFFICE**

baker's	bakker	*bak*-ker
bookshop	boekhandel	*book*-han-del
butcher's	slager	*slah*-CHer
cake shop	banketbakker	ban-*ket*-bak-ker
clothes (women's)	damesmode	*dah*-mes-moh-du
clothes (men's)	herenmode	*hay*-ru-moh-du
clothes (children's)	kinderkleding	*kin*-der-klay-ding
dry-cleaner's	stomerij	*stoh*-mu-rei
electrical goods	elektrische artikelen	*ay*-lek-tri-su ar-*tee*-ku-lu
fishmonger's	vishandel	*vis*-han-del
furniture	meubelen	*meu*-bu-lu
gifts	cadeaus	kah-*dohs*
greengrocer's	groenteboer	*CHroon*-tu-boor
grocer's	kruidenier	krui-du-*neer*
hairdresser's	kapper	*kap*-per
ironmonger's	ijzerwaren	*ei*-zer-wah-ru
jeweller's	juwelier	*yuu*-wu-leer
market	markt	markt
pharmacy	drogist	*droh*-CHist
self-service	zelfbediening	*zelf*-bu-dee-ning
shoe shop	schoenenwinkel	*schoo*-nu-win-kel
shop	winkel	*win*-kel
sports shop	sportzaak	*sport*-zahk
stationer's	kantoorboekhandel	kan-*tohr*-book-han-del
supermarket	supermarkt	*suu*-per-markt
sweet shop	snoepwinkel	*snoop*-win-kel
tobacconist's	sigarenhandel	*see*-gah-ru-han-del
toy shop	speelgoedwinkel	*spayl*-CHood-win-kel

see also **FOOD** ☐ **CLOTHES**   39

FOOD (GENERAL)

biscuits	koekjes, de *kook*-yes
bread	brood, het brohd
bread *(brown)*	bruinbrood, het *bruin*-brohd
bread roll	broodje, het *brohd*-yu
butter	boter, de *boh*-ter
cereal	cornflakes, de *corn*-flayks
cheese	kaas, de kahs
chicken	kip, de kip
chips	patat frites *pah*-tat freet
coffee	koffie, de *kof*-fee
cream	(slag)room, de (slaCH)rohm
crisps	chips, de chips
eggs	eieren, de *ei*-yu-ru
flour	bloem, de bloom
ham *(cooked)*	gekookte ham, de CHu-*kohk*-tu ham
ham *(cured)*	gerookte ham, de CHu-*rohk*-tu ham
herbal tea	kruidenthee, de *krui*-du-tay
honey	honing, de *hoh*-ning
jam	jam, de shem
margarine	margarine, de mar-CH*ah*-ree-ne
marmalade	marmelade, de mar-mu-*lah*-du
milk	melk, de melk
mustard	mosterd, de *mos*-turd
olive oil	olijfolie, de oh-*leif*-oh-lee
orange juice	sinaasappelsap, het *see*-nas-ap-pel-sap
pepper	peper, de *pay*-per
rice	rijst, de reist
salt	zout, het zout
stock cube	bouillonblokje, het *bool*-yon-blok-yu
sugar	suiker, de *sui*-kur
tea	thee, de tay
tinned tomatoes	tomaten in blik, de *toh*-mah-tu in blik
vinegar	azijn, de *ah*-zein
yoghurt	yoghurt, de *yoCH*-hurt

40   *see also* **MEASUREMENTS & QUANTITIES**

■ FRUIT

apples	appels, de	*ap-pels*
apricots	abrikozen, de	*ah-bree-koh-zu*
bananas	bananen, de	*bah-nah-nu*
cherries	kersen, de	*ker-su*
grapefruit	grapefruit, de	*CHrayp-fruit*
grapes	druiven, de	*drui-vu*
lemon	citroen, de	*cee-troon*
melon	meloen, de	*mu-loon*
nectarines	nectarines, de	*nek-tah-ree-nus*
oranges	sinaasappels, de	*see-nas-ap-pels*
peaches	perziken, de	*per-zi-ku*
pears	peren, de	*pay-ru*
pineapple	ananas, de	*a-nah-nas*
plums	pruimen, de	*prui-mu*
raspberries	frambozen, de	*fram-boh-zu*
strawberries	aardbeien, de	*ahrd-bei-yu*

■ VEGETABLES

asparagus	asperges, de	*as-per-shus*
carrots	worteltjes/peentjes, de	*wor-tel-chus/payn-chus*
cauliflower	bloemkool, de	*bloom-kohl*
courgettes	courgettes, de	*koor-shet-tus*
cucumber	komkommer, de	*kom-kom-mer*
french beans	snijbonen, de	*snei-boh-nu*
garlic	knoflook, de	*knof-lohk*
leek	prei, de	*prei*
lettuce	sla, de	*slah*
mushrooms	champignons, de	*sham-ping-yons*
onions	uien, de	*ui-yu*
peas	doperwten, de	*dop-er-tu*
peppers	paprika's, de	*pah-pree-kahs*
potatoes	aardappels, de	*ahrd-ap-pels*
spinach	spinazie, de	*spee-nah-zee*
tomatoes	tomaten, de	*toh-mah-tu*

see also **SHOPPING PHRASES**

CLOTHES

women		men – suits		shoes			
sizes		**sizes**		**sizes**			
UK	EC	UK	EC	UK	EC	UK	EC
10	38	36	46	2	35	7	41
12	40	38	48	3	36	8	42
14	42	40	50	4	37	9	43
16	44	42	52	5	38	10	44
18	46	44	54	6	39	11	45
20	48	46	56				

May I try this on?
Mag ik dit proberen?
*maCH ik dit **proh**-bay-ru*

Where is the changing room?
Waar is de paskamer?
*wahr is du **pas**-kah-mer*

Have you a bigger size?
Heeft u een grotere maat?
*hayft uu un **groh**-tu-ru maht*

Have you a smaller size?
Heeft u een kleinere maat?
*hayft uu un **klei**-nu-ru maht*

Do you have this...?
Heeft u dit...?
hayft uu dit...

in my size
in mijn maat
in mein maht

in other colours
in andere kleuren
*in **an**-du-ru **kleu**-ru*

That's a shame!
Dat is jammer!
*dat is **yam**-mer*

It's too short
Het is te kort
het is tu kort

It's too long
Het is te lang
het is tu lang

I'm just looking
Ik kijk alleen
*ik keik al-**layn***

I'll take it
Ik neem het
ik naym het

■ YOU MAY HEAR

Welke maat
***wel**-ku maht*
What size?

Past het?
past het
Does it fit you?

42   see also **SHOPPING** ▢ **PAYING** ▢ **NUMBERS**

CLOTHES (ARTICLES)

KATOEN *kah-toon*	COTTON	ZIJDE *zei-du*	SILK
KANT *kant*	LACE	SUÈDE *suu-e-du*	SUEDE
LEER *layr*	LEATHER	WOL *wol*	WOOL

belt	riem, de *reem*
blouse	blouse, de *bloos*
bra	beha, de *bay-hah*
coat	jas, de *yas*
dress	jurk, de *yurk*
gloves	handschoenen, de *hand-schoo-nu*
hat	hoed, de *hood*
hat (woollen)	muts, de *muts*
jacket	jasje, het *ya-shu*
nightdress	nachtjapon, de *naCHt-yah-pon*
pyjamas	pyjama, de *pee-yah-mah*
raincoat	regenjas, de *ray-CHu-yas*
sandals	sandalen, de *san-dah-lu*
scarf (woollen)	das, de *das*
shirt	overhemd, het *oh-ver-hemd*
shorts	korte broek, de *kor-tu brook*
skirt	rok, de *rok*
slippers	slippers, de *slip-pers*
socks	sokken, de *sok-ku*
suit	kostuum / pak, het *kos-tuum / pak*
swimsuit	zwempak, het *zwem-pak*
tie	stropdas, de *strop-das*
tights	panties / kousen, de *pan-tees / kou-su*
tracksuit	trainingspak, het *tray-nings-pak*
trousers	broek, de *brook*
t-shirt	t-shirt, het *tee-shirt*
underpants	onderbroek, de *on-der-brook*
underwear	ondergoed, het *on-der-CHood*
vest	hemd, het *hemd*
zip	ritssluiting, de *rits-slui-ting*

43

MAPS & GUIDES

Do you have a map of...?
Heeft u een plattegrond van...?
*hayft u un plat-tu-**CHrond** van...*

Can you show me where ... is on the map?
Kunt u mij laten zien waar ... is op de kaart?
*kunt uu mei **lah**-tu zeen wahr ... is op du kahrt*

Do you have a detailed map of the area?
Heeft u een gedetailleerde kaart van de omgeving?
*hayft uu un CHu-day-tail-**layr**-du kahrt van du om-**CHay**-ving*

Can you draw me a map?
Kunt u een kaart voor mij tekenen?
*kunt uu un kahrt vohr mei **tay**-ku-nu*

Do you have a guide book / leaflet in English?
Heeft u een gids / brochure in het Engels?
*hayft uu un CHids / bro-**shu**-ru in het **eng**-els*

I'd like the English language version (of a cassette guide)
Ik wil graag de Engelse versie
*ik wil CHrahCH du **eng**-el-su **ver**-see*

Where can I buy an English newspaper?
Waar kan ik een Engelse krant kopen?
*wahr kan ik un **eng**-el-su krant **koh**-pu*

Do you have any English newspapers / books?
Heeft u Engelse kranten / boeken?
*hayft uu **eng**-el-su **kran**-tu / **boo**-ku*

When do the English newspapers arrive?
Wanneer komen de Engelse kranten?
*wan-**nayr koh**-mu du **eng**-el-su **kran**-tu*

Reserve (name newspaper) **for me, please**
Bewaar de ... voor mij, alstublieft
*bu-**wahr** du ... vohr mei als-tuu-**bleeft***

Main post offices are open Monday to Friday (9 am to 5 pm) and on Saturday mornings.

POSTKANTOOR **post**-kan-tohr	POST OFFICE
POSTBUS **post**-bus	PO BOX
POSTZEGELS **post**-zay-CHels	STAMPS
BRIEVENBUS **bree**-vu-bus	LETTER BOX

Is there a post office near here?
Is er een postkantoor in de buurt?
*is er un **post**-kan-tohr in du buurt*

Which counter sells stamps?
Aan welk loket worden postzegels verkocht?
*ahn welk loh-**ket** wor-du **post**-zay-CHels ver-**koCHt***

Can I have stamps for ... postcards to Great Britain?
Mag ik postzegels voor ... briefkaarten naar Groot Brittannië?
*maCH ik **post**-zay-CHels vohr ... **breef**-kahr-tu nahr CHroht **Brit**-tan-nee-yu*

I want to send this letter registered post
Ik wil deze brief aangetekend versturen
*ik wil **day**-zu breef **ahn**-CHu-tay-kend ver-**stuu**-ru*

How much is it to send this parcel?
Hoeveel kost het om dit pakje te versturen?
***hoo**-vayl kost het om dit **pak**-yu tu ver-**stuu**-ru*

by air
per luchtpost
*per **luCHt**-post*

It's a gift	**The value of contents is ... euro**
Het is een cadeau	De waarde van de inhoud is ... euro
*het is un kah-**doh***	*du **wahr**-du van du **in**-houd is ... eu-**roh***

■ YOU MAY HEAR

Vul dit formulier in
*vul dit for-muu-**lier** in*
Fill in this form

see also **MONEY** ☐ **PAYING**

PHOTOS

Tapes for video cameras and camcorders can be bought in photography shops and department stores.

Where can I buy tapes for a video camera?
Waar kan ik een videoband voor mijn videocamera kopen?
*wahr kan ik un **vee**-day-oh-band vohr mein **vee**-day-oh-kah-may-rah **koh**-pu*

A colour film	**with 24 / 36 exposures**
Een kleurenfilm	met 24 / 36 opnamen
*un **kleu**-ru-film*	*met **veer**-en-twin-tiCH / **zes**-en-der-tiCH op-**nah**-mu*

A video tape for this video camera
Een videoband voor deze videocamera
*un **vee**-day-oh-band voor day-zu **vee**-day-oh-kah-may-rah*

Have you batteries...?	**for this camera**
Heeft u batterijen...?	voor deze camera
*hayft uu **bat**-tu-rei-yu...*	*vohr **day**-zu **kah**-may-rah*

Can you develop this film?	**How much will it be?**
Kunt u deze film ontwikkelen?	Hoeveel kost het?
*kunt uu **day**-ze film ont-**wik**-ku-lu*	***hoo**-vayl kost het*

I'd like mat / glossy prints
Ik wil graag matte / glanzende afdrukken
*ik wil CHrahCH **mat**-tu / **CHlan**-zen-du af-**druk**-ku*

When will the photos be ready?
Wanneer zijn de foto's klaar?
*wan-**nayr** zein du **foh**-tohs klahr*

The film is stuck	**Can you take it out for me?**
De film zit vast	Kunt u hem er voor mij uithalen?
du film zit vast	*kunt uu hem er vohr mei uit-**hah**-lu*

Is it OK to take pictures here?
Mag ik hier foto's maken?
*maCH ik heer **foh**-tohs **mah**-ku*

Would you take a picture of us, please?
Wilt u een foto van ons maken, alstublieft?
*wilt uu un **foh**-toh van ons **mah**-ku als-tuu-**bleeft***

*The tourist office is called **VVV** or **Tourist Information**. If you are looking for somewhere to stay they should have details of hotels, campsites, etc. In addition they supply information on local events and entertainment.*

Where is the tourist office?
Waar is het VVV kantoor?
wahr is het vay-vay-vay kan-tohr

What can we visit in the area?
Wat kunnen we bezoeken?
*wat **kun**-nu wu bu-**zoo**-ku*

Have you any leaflets?
Heeft u brochures?
*hayft uu bro-**shuu**-res*

When can we visit the...?
Wanneer kunnen we de/het ... bezoeken?
*wan-**nayr kun**-nu wu du/het ... bu-**zoo**-ku*

We'd like to go to...
Wij willen graag naar...
*wei **wil**-lu CHrahCH nahr...*

Are there any excursions?
Zijn er excursies?
*zein er ex-**cur**-sees*

When does it leave?
Hoe laat begint het?
*hoo laht bu-**CHint** het*

Where does it leave from?
Waar begint het?
*wahr be-**CHint** het*

How much does it cost to get in?
Hoeveel kost het om naar binnen te komen?
*hoo-vayl kost het om nahr **bin**-nu tu **koh**-mu*

Are there any reductions for...?
Is er korting voor...?
*is er **kor**-ting vohr...*

children	students	unemployed	senior citizens
kinderen	studenten	werklozen	65+ers
kin-du-ru	**stuu**-den-tu	werk-**loh**-zu	**veif**-en-zes-tig-plus-sers

see also **MAPS & GUIDES** ☐ **LEISURE/INTERESTS**

Tourist Information Offices (**VVV**), local and national newspapers can provide information about events and entertainment.

What is there to do in the evenings?
Wat is er s'avonds te doen?
*wat is er **sah**-vonds tu doon*

Do you know what events are on this week?
Weet u welke evenementen er deze week zijn?
*wayt uu **wel**-ku ay-vu-nu-**men**-tu er **day**-zu wayk zijn*

Is there anything for children?
Is er iets voor kinderen?
*is er eets vohr **kin**-du-ru*

Where can I get tickets...?	**for tonight**
Waar kan ik kaartjes krijgen...?	voor vanavond
*wahr kan ik **kahr**-chus **krei**-CHu...*	*vohr van-**ah**-vond*

for the show	**for the football match**
voor de voorstelling	voor de voetbalwedstrijd
*vohr du **vohr**-stel-ling*	*vohr du **voot**-bal-wed-streid*

I'd like ... tickets	**...adults**	**...children**
Ik wil graag ... kaartjes	volwassenen	kinderen
*ik wil CHrahCH ... **kahr**-chus*	*...vol-**was**-su-nu*	*...**kin**-du-ru*

Where can we go dancing?	**What time does it open?**
Waar kunnen we dansen?	Hoe laat gaat het open?
*wahr **kun**-nu wu **dan**-su*	*hoo laht CHaht het **oh**-pu*

How much is it to get in?
Hoeveel is de entree?
hoo**-vayl is du an-**tray

■ **YOU MAY HEAR**

De toegang is ... euro
*de **too**-CHang is ... eu-**roh***
Entry is ... euro

Where can I go...?
Waar kan ik...?
wahr kan ik...

fishing
vissen
vis-su

horse-riding
paardrijden
pahrd-rei-du

skating
schaatsen
schaht-su

rollerskating
rolschaatsen
rol-schaht-su

Is there a beach near here?
Is er een strand in de buurt?
is er un strand in du buurt

Is there a swimming pool?
Is er een zwembad?
is er un zwem-bad

Where can I hire skates?
Waar kan ik schaatsen huren?
wahr kan ik schaht-su huu-ru

How much is it...?
Hoeveel kost het...?
hoo-vayl kost het...

per hour
per uur
per uur

per day
per dag
per daCH

What do you do in your spare time? *(familiar)*
Wat doe je in je vrije tijd?
wat doo yu in yu vrei-yu teid

I like...
Ik hou van...
ik hou van...

gardening
tuinieren
tui-nee-ru

sunbathing
zonnebaden
zon-nu-bah-du

We like...
Wij houden van...
wei hou-du van...

sport
sport
sport

Do you like...? *(polite)*
Houdt u van...?
hout uu van...

Do you like...? *(familiar)*
Hou jij van...?
hou yei van...

see also **SPORT** □ **WALKING**

CYCLING

You can find excellent places for cycling in the Low Countries. The country is flat and there are cycling paths along most main roads. In the cities, car drivers are used to cyclists, but you must remain careful. There are special cycle routes and organized tours into the countryside.

I want to hire a bicycle
Ik wil een fiets huren
*ik wil un feets **huu**-ru*

How much is the deposit?
Hoeveel is de waarborgsom?
*hoo-vayl is du **wahr**-borCH-som*

Has the bicycle...?	**gears**	**breaks**	**lights**
Heeft de fiets...?	versnellingen	remmen	licht
hayft du feets...	*ver-**snel**-ling-u*	***rem**-mu*	*liCHt*

When is the bicycle due back?
Wanneer moet de fiets terug?
*wan-**nayr** moot du feets tu-**RuCH***

Are there any organized tours?
Zijn er georganiseerde fietstochten?
*zein er CHu-or-CHah-nee-**sayr**-du **feets**-toCH-tu*

How long is the tour?
Hoe lang duurt de tocht?
hoo lang duurt du toCHt

Where/When does it start?
Waar/Hoe laat begint het?
*wahr/hoo laht be-**CHint** het*

My tyre is flat
Ik heb een lekke band
*ik heb un **lek**-ku band*

Can you repair it?
Kunt u hem plakken?
*kunt uu hem **plak**-ku*

Have you a...?	**pump**	**repair kit**	**new tube**
Heeft u een...?	fietspomp	reparatieset	nieuwe band
hayft uu un...	***feets**-pomp*	*ray-pah-**rah**-tsee-set*	***nee**-wu band*

■ **YOU MAY HEAR**

Kijk uit!
keik uit!
Look out!

Richting aangeven, alstublieft
*ri**CH**-ting **ahn**-gay-vu als-tuu-**bleeft***
Indicate, please

see also **LEISURE/INTERESTS** ☐ **SPORT** ☐ **WALKING**

In the spring the Dutch bulb fields between Haarlem and The Hague (the coastal area in the western part of the Netherlands) are in full bloom. A well-known centre is the Keukenhof. Traditionally the main growers of fresh flowers can be found around Aalsmeer, just south of Amsterdam.

I want information on the bulb fields
Ik wil informatie over de bloembollenvelden
ik wil in-for-mah-tsee oh-ver du bloom-bol-lu-vel-du

Are there organized daytrips / tours?
Zijn er georganiseerde dagtochten / rondleidingen?
zein er gu-or-gah-nee-sayr-du daCH-toCH-tu / rond-lei-ding-u

When / Where is the flower festival?
Wanneer / Waar is het bloemencorso?
wan-nayr / wahr is het bloo-mu-cor-soh

Your flowers are beautiful
Uw bloemen zijn mooi
uuw bloo-mu zein mohee

Does the procession come here?
Komt de stoet hier voorbij?
komt du stoot heer vohr-bei

Where is the best place to watch?
Waar is de beste plaats om te kijken?
wahr is de bes-tu plahts om tu kei-ku

I want bulbs for...	tulips	daffodils
Ik wil bloembollen voor...	tulpen	narcissen
ik wil bloom-bol-lu vohr...	*tul-pu*	*nar-cis-su*

Do you have...?	fresias	roses	carnations
Heeft u...?	fresia's	rozen	anjers
hayft u...	*fray-see-ahs*	*roh-zu*	*an-yurs*

■ YOU MAY HEAR

Een bos bloemen	Een boeket	Tuinder
un bos bloo-mu	un boo-ket	tuin-der
A bunch of flowers	A bouquet	Grower (farmer)

see also SHOPPING PHRASES
51

Are there any good concerts on?
Zijn er goede concerten?
zein er CHoo-du kon-cer-tu

Where can I get tickets?
Waar kan ik kaartjes krijgen?
wahr kan ik kahr-chus krei-CHu

What sort of music do you like?
Van welke muziek houdt u?
van wel-ku muu-zeek hout uu

I like...
Ik hou van...
ik hou van...

Which is your favourite group?
Wat is uw favoriete groep?
wat is uuw fah-vo-ree-tu CHroop

Who is your favourite singer? *(male/female)*
Wie is uw favoriete zanger / zangeres?
wee is uuw fah-vo-ree-tu zang-er / zang-u-res

Can you play any musical instruments?
Kunt u een muziekinstrument bespelen?
kunt u un muu-zeek-in-struu-ment bu-spay-lu

I play...	the guitar	the piano	the clarinet
Ik speel...	de gitaar	piano	klarinet
ik spayl...	*du CHee-tahr*	*pee-ah-noh*	*klah-ree-net*

Have you been to any good concerts recently?
Bent u kort geleden nog naar een goed concert geweest?
bent uu kort CHu-lay-du noch nahr un CHood kon-sert CHu-wayst

Do you like opera?
Houdt u van opera?
hout uu van oh-pe-rah

Do you like reggae? *(familiar)*
Hou je van reggae?
hou yu van reg-gae

Do you like pop music? *(familiar)*
Hou je van popmuziek?
hou yu van pop-muu-zeek

Foreign films in cinemas are usually subtitled in Dutch.

VOORSTELLING *vohr*-stel-ling   PERFORMANCE

Where is the cinema?
Waar is de bioscoop?
wahr is du bee-os-kohp

When does (name film) **start?**
Hoe laat begint...?
hoo laht bu-CHint...

How much are the tickets?
Hoeveel zijn de kaartjes?
*hoo-vayl zein du **kahr**-chus*

Two for the showing at... (time)
Twee voor de voorstelling van...
*tway vohr du **vohr**-stel-ling van...*

What films have you seen recently?
Welke films heeft u onlangs gezien?
wel**-ku films hayft uu on-**langs** CHu-**zeen

What is ... called in Dutch?
Hoe heet ... in het Nederlands?
*hoo hayt ... in het **nay**-der-lands*

Who is your favourite actor / actress?
Wie is uw favoriete acteur / actrice?
*wee is uuw **fah**-vo-ree-tu **ak**-teur / **ak**-tree-cu*

■ **YOU MAY HEAR**

Uitverkocht
***uit**-ver-koCHt*
Sold out

---

see also **ENTERTAINMENT** ☐ **LEISURE/INTERESTS**   53

TONEELSTUK **toh**-nayl-stuk	PLAY
STALLES **stal**-les	STALLS
BALKON bal-**kon**	CIRCLE
TWEEDE BALKON **tway**-du bal-**kon**	UPPER CIRCLE
ZITPLAATS **zit**-plahts	SEAT
KLEEDKAMER **klayd**-kah-mer	CLOAKROOM

What's on at the theatre?
Wat speelt er in het theater?
*wat spaylt er in het tay-**ah**-ter*

How do we get to (name)...?
Hoe komen we bij...?
*hoe **koh**-mu wu bei...*

What prices are the tickets?
Hoeveel kosten de kaartjes?
*hoo-vayl **kos**-tu du **kahr**-chus*

I'd like two tickets...
Ik wil graag twee kaartjes...
*ik wil CHrahCH tway **kahr**-chus...*

for tonight
voor vanavond
*vohr van-**ah**-vond*

for tomorrow night
voor morgenavond
*vohr mor-CHu-**ah**-vond*

for 5th August
voor 5 augustus
*vohr veif ou-**CHus**-tus*

in the stalls
stalles
stal-lus

in the circle
balkon
*bal-**kon***

in the upper circle
tweede balkon
*tway-du bal-**kon***

How long is the interval?
Hoe lang duurt de pauze?
*hoo lang duurt du **pou**-zu*

Is there a bar?
Is er een bar?
is er un bar

When does the performance begin / end?
Hoe laat begint / eindigt de voorstelling?
*hoo laht be-**CHint** / **ein**-diCHt du **vohr**-stel-ling*

I enjoyed the play
Ik heb genoten van het toneelstuk
*ik heb CHu-**noh**-tu van het toh-**nayl**-stuk*

It was very good
Het was erg goed
het was erCH CHood

AFSTANDSBEDIENING af-**stand**-bu-dee-ning	REMOTE CONTROL
SERIE **say**-ree	SERIES
NIEUWS neews	NEWS
AANZETTEN **ahn**-zet-tu	TO SWITCH ON
AFZETTEN af-zet-tu	TO SWITCH OFF
PROGRAMMA pro-**CHram**-mah	PROGRAMME
TEKENFILMS **tay**-ken-films	CARTOONS

Where is the television?
Waar is de televisie?
*wahr is du tay-lu-**vee**-see*

How do you switch it on?
Hoe gaat hij aan?
hoo CHaht hei ahn

Which button do I press?
Welke knop moet ik indrukken?
***wel**-ku knop moot ik **in**-druk-ku*

Could you lower the volume please?
Kunt u het geluid wat zachter zetten, alstublieft?
*kunt uu het CHu-**luid** wat za**CH**-ter zet-tu als-tuu-**bleeft***

May I turn the volume up?
Mag ik het geluid harder zetten?
*maCH ik het CHu-**luid** har-der zet-tu*

What's on television?
Wat is er op televisie?
*wat is er op tay-lu-**vee**-see*

When is the news?
Hoe laat komt het nieuws?
hoo laht komt het neews

Do you have any English-speaking channels?
Heeft u Engels-talige kanalen?
*hayft u **eng**-els-tah-li-CHu kah-**nah**-lu*

When are the children's programmes?
Wanneer komen de kinderprogramma's?
*wan-**nayr koh**-mu du **kin**-der-proh-CHram-mahs*

Do you have any English videos?
Heeft u Engels-talige video's?
*hayft uu **eng**-els-tah-li-CHu **vee**-day-ohs*

55

Where can I...?	**play tennis**	**play golf**
Waar kan ik...?	tennissen	golfen
wahr kan ik...	*ten-nis-su*	*CHol-fu*

go swimming	**go running**	**skate**
zwemmen	hardlopen	schaatsen
zwem-mu	*hard-loh-pu*	*schaht-su*

How much is it per hour?
Hoeveel kost het per uur?
hoo-vayl kost het per uur

Do you have to be a member?
Moet je lid zijn?
moot yu lid zein

Can I hire...?	**rackets**	**golf clubs**	**skates**
Kan ik ... huren?	rackets	golfclubs	schaatsen
kan ik ... huu-ru	*ra-kets*	*CHolf-clubs*	*sCHaht-su*

We'd like to go to see (name team) **play**
Wij willen graag ... zien spelen
wei wil-lu CHrahCH ... zeen spay-lu

I like...	**sailing**	**surfing**
Ik hou van...	zeilen	surfen
ik hou van...	*zei-lu*	*sur-fu*

I like walking	**Are there any special walking routes?**
Ik hou van wandelen	Zijn er speciale wandelroutes?
ik hou van wan-du-lu	*zein er spay-cee-ah-lu wan-del-roo-tes*

What sports...? (familiar)	**do you play**	**do you like to watch**
Welke sporten...?	speel je	zie je graag
wel-ku spor-tu...	*spayl yu*	*zee yu CHrahCH*

I do not like sport
Ik hou niet van sport
ik hou neet van sport

Where is the football match?
Waar is de voetbalwedstrijd?
*wahr is du **voot**-bal-wed-streid*

When is the football match?
Wanneer is de voetbalwedstrijd?
*wan-**nayr** is du **voot**-bal-wed-streid*

Is it on TV?
Is het op tv?
is het op tay-vay

Where can we buy tickets?
Waar kunnen we kaartjes kopen?
*wahr **kun**-nu wu **kahr**-chus **koh**-pu*

Will tickets be for sale in advance?
Is er voorverkoop?
*is er vohr-**ver**-kohp*

How do we get to the stadium?
Hoe komen we bij het stadion?
*hoo **koh**-mu wu bei het **stah**-dee-yon*

What time is kick-off?
Hoe laat is de aftrap?
*hoo laht is du **af**-trap*

Which is your favourite team? (familiar)
Wat is jouw favoriete team?
*wat is youw fah-vo-**ree**-tu teem*

My team is...
Mijn team is...
mein teem is...

My favourite player is...
Mijn favoriete speler is...
*mein fah-vo-**ree**-tu **spay**-ler is...*

■ **YOU MAY HEAR**

Goed gedaan!	**Wat jammer!**	**Hup...**
*CHood CHu-**dahn**!*	*wat **yam**-mer!*	*hup...*
Well done!	**What a shame!**	**Come on...**

see also **LEISURE/INTERESTS** ☐ **WALKING**

Are there any guided walks?
Zijn er wandeltochten met gidsen?
*zein er **wan**-del-toCH-tu met **CHid**-su*

Are there any special walking routes?
Zijn er speciale wandelroutes?
*zein er spay-cee-**ah**-le **wan**-del-roo-tus*

Do you have details?
Heeft u bijzonderheden?
*hayft u bee-**zon**-der-hay-du*

Do you have a guide to local walks?
Heeft u een gids met plaatselijke wandelingen?
*hayft uu un CHids met **plaht**-su-lu-ku **wan**-du-ling-u*

How many kilometres is the walk?
Hoeveel kilometer is de wandeling?
*hoo-vayl **kee**-loh-may-ter is du **wan**-du-ling*

How long will it take?
Hoe lang duurt het?
hoo lang duurt het

We'd like to come along
Wij willen graag meegaan
*wei **wil**-lu CHrahCH **may**-CHahn*

Do we need special clothing?
Hebben we speciale kleding nodig?
***heb**-bu wu spay-cee-**ah**-lu **klay**-ding **noh**-diCH*

Should we take...?
Moeten we ... meenemen?
***moo**-tu wu ... **may**-nay-mu*

water	food
water	voedsel
wah-ter	*vood-sel*

waterproofs	a compass	boots
regenkleding	een kompas	laarzen
ray-CHu-klay-ding	*un kom-**pas***	***lahr**-zu*

What time does it get dark?
Hoe laat wordt het donker?
*hoo laht wordt het **don**-ker*

To phone the Netherlands from the UK, the international code is **00 31** *plus the Dutch area code (e.g. Amsterdam* **20***, Rotterdam* **10***, The Hague* **70***) followed by the number you require. To phone the UK from the Netherlands, dial* **00 44** *plus the UK area code less the first* **0***.*

TELEFOONKAART tay-lu-**fohn**-kahrt		**PHONECARD**
TELEFOONBOEK tay-lu-**fohn**-book		**TELEPHONE DIRECTORY**
GOUDEN GIDS **CHou**-du CHids		**YELLOW PAGES**
ANTWOORDAPPARAAT ant-**wohrd**-ap-pah-raht		**ANSWERING MACHINE**
DRAAI HET NUMMER drayee ut **num**-mer		**DIAL THE NUMBER**

I want to make a phone call
Ik wil opbellen
ik wil **op***-bel-lu*

Where can I buy a phonecard?
Waar kan ik een telefoonkaart kopen?
*wahr kan ik un tay-lu-**fohn**-kahrt koh-pu*

Do you have a mobile?
Heeft u een mobiele telefoon?
*hayft uu un moh-**bee**-lu tay-lu-fohn*

My mobile number is...
Mijn mobiele nummer is...
*mayn moh-**bee**-lu num-mmer is...*

What is the number of your mobile?
Wat is het nummer van uw mobiele telefoon?
*wat is ut **num**-mer van uuw moh-**bee**-ly tay-lu-**fohn***

Mr Smit, please
Meneer Smit, alstublieft
*mu-**nayr** Smit als-tuu-**bleeft***

Extension number...
Toestelnummer...
***too**-stel-num-mer...*

Can I speak to...?
Mag ik...?
maCH ik...

I would like to speak to...
Ik wil graag ... spreken
*ik wil CHrahCH ... **spray**-ku*

This is Jim Brown
Dit is Jim Brown
dit is Jim Brown

Speaking
Daar spreekt u mee
dahr spraykt uu may

cont...

Can I have an outside line?
Mag ik een buitenlijn?
*maCH ik un **bui**-tu-lein*

I'll call back later / tomorrow
Ik bel later / morgen terug
*ik bel **lah**-ter / **mor**-Chu tu-**ruCH***

We were cut off
Wij werden afgesneden
*wei **wer**-du af-CHu-**snay**-du*

There is no reply
Er wordt niet opgenomen
*er wordt neet op-CHu-**noh**-mu*

■ YOU MAY HEAR

Hallo
*hal-**lo***
Hello

Met wie spreek ik?
met wee sprayk ik
Who am I talking to?

Met wie wilt u spreken?
*met wee wilt uu **spray**-ku*
Who do you wish to talk to?

Een ogenblik
*un **oh**-CHu-blik*
Just a moment

Blijf aan de lijn, alstublieft
*bleif ahn du lein als-tuu-**bleeft***
Hold on, please

De lijn is bezet
*du lein is bu-**zet***
It's engaged

Kunt u later terugbellen?
*kunt uu **lah**-ter tu-**ruCH**-bel-lu*
Can you try again later?

Wilt u een boodschap achterlaten?
*wilt uu un **bohd**-schap aCH-ter-**lah**-tu*
Do you want to leave a message?

U heeft het verkeerde nummer
*uu hayft het ver-**kayr**-du **num**-mer*
You've got a wrong number

Dit is het antwoordapparaat van...
*dit is het **ant**-wohrd-ap-pah-raht van...*
This is the answering machine of...

Spreek alstublieft uw boodschap in na de toon...
*sprayk als-tuu-**bleeft** uuw **bohd**-schap in nah du tohn*
Please leave a message after the tone

In this section on text messaging we have used the informal je.

I will text you
Ik zal je teksten
*ik zal yu **tekst**-tu*

tomorrow
morgen
***mor**-gu*

goodbye
dag
daCH

as soon as possible
zo vlug mogelijk
*zo vluCH **moh**-CHu-luk*

I don't know
ik weet het niet
ik wayt ut neet

what are you doing?
wat doe je?
wat doo yu

do you want to go?
wil je gaan
wil yu CHahn

what's up?
wat is er?
wat is er

also
ook
ohk

I love you
ik hou van jou
ik hou van you

why?
waarom?
***wahr**-om*

Can you text me?
Kun je me teksten?
*kun yu mu **tekst**-tu*

later
later
***lah**-ter*

where?
waar?
wahr

many
veel
vayl

good luck
succes
*suuk-**ses***

let's meet
laten elkaar ontmoeten
***lah**-tu wu el-**kahr** ont-**moo**-tu*

how are you?
hoe gaat het?
hoo CHaht ut

I can't talk
ik kan niet praten
*ik kan neet **prah**-tu*

I'll see you soon
ik zie je gauw
ik zee yu CHouw

I've got to go
ik moet gaan
ik moot CHahn

are you coming?
kom je
kom yu

see you later
tot ziens
tot zeens

weekend
weekend
weekend

call me
bel me
bel mu

because
omdat
om-dat

In e-mail and on the Internet many English words are used. There is no etiquette for adressing people in an e-mail.

Do you have e-mail?
Heeft u e-mail?
hayft uu e-mail

What is your e-mail address?
Wat is uw e-mail adres?
*wat is uuw e-mail **ah**-dres*

Do you have a webpage?
Heeft u een webpagina?
*hayft uu un **web**-pah-CHi-nah*

How do you spell it?
Hoe spelt u dat?
hoo spelt uu dat

All one word
Eén woord
ayn wohrd

All lower case
Allemaal onderkast
*al-lu-**mahl** on-der-kast*

My e-mail address is ...
Mijn e-mail adres is ...
*mein e-mail **ah**-dres is...*

Can I send an e-mail?
Kan ik een e-mail sturen?
*kan ik un e-mail **stuu**-ru*

Did you get my e-mail?
Heeft u mijn e-mail ontvangen?
*hayft uu mein e-mail **ont**-vang-u*

Can I book by e-mail?
Kan ik via e-mail reserveren?
*kan ik vee-ah e-mail **ray**-ser-vi-ru*

see also **INTERNET** ☐ **FAX** ☐ **BUSINESS**

GEBRUIKERSNAAM *CHu-brui-kers-nahm*	USERNAME
WACHTWOORD *waCHt-wohrd*	PASSWORD
CONTACT OPNEMEN *kon-takt op-nay-mu*	CONTACT US
TERUG NAAR MENU *tu-ruCH nahr mu-nuu*	BACK TO MENU
SITE PLATTEGROND *site plat-ty-CHrond*	SITEMAP

Are there any internet cafés here?
Zijn er hier internet cafés?
zein er heer internet ka-fays

Where is the nearest internet café?
Waar is het dichstbijzijnde internet café?
wahr is het diCHST-bei-zein-du internet ka-fay

How much is it to log on for an hour?
Hoe duur kost een uur online?
hoo duur kost un uur online

Do you have a website?
Heeft u een website?
hayft uu un website

The website address is...
Het website adres is...
het website ah-dres is...

Do you know any good sites?
Wat zijn goede sites?
wat zein CHoo-du sites

Which is the best search engine to use?
Wat is de beste search engine?
wat is du bes-tu search engine

I can't log in
Ik kan niet inloggen
ik kan neet iu-loCH-CHu

see also **E-MAIL** ☐ **FAX** ☐ **BUSINESS**

To fax the Netherlands from the UK, the code is **00 31** followed by the Dutch area code, e.g. Amsterdam **20**, Rotterdam **10**, The Hague **70** and then the fax number you require.

ADDRESSING A FAX	
VAN	**FROM**
TEN AANZIEN VAN	**FOR THE ATTENTION OF**
DATUM	**DATE**
DIT DOCUMENT HEEFT ...	**THIS DOCUMENT CONTAINS ...**
BLADZIJDEN INCLUSIEF DIT BLAD	**PAGES INCLUDING THIS**

Do you have a fax?
Heeft u een fax?
hayft u un fax

I want to send a fax
Ik wil een fax sturen
*ik wil un fax **stuu**-ru*

What is your fax number?
Wat is uw faxnummer?
*wat is uuw **fax**-num-mer*

I am having trouble getting through to your fax
Ik heb moeilijkheden om uw fax te bereiken
*ik heb **mooee**-lik-hay-du om uuw fax tu bu-**rei**-ku*

Resend your fax, please
Stuur uw fax nog een keer, alstublieft
*stuur uuw fax noCH un kayr als-tuu-**bleeft***

I can't read it
Ik kan het niet lezen
*ik kan het neet **lay**-zu*

The fax is constantly engaged
De fax is steeds bezet
*du fax is stayds bu-**zet***

Can I send a fax from here?
Kan ik hier een fax versturen?
*kan ik heer un fax ver-**stuu**-ru*

see also **TEXT MESSAGING** ☐ **INTERNET** ☐ **E-MAIL**

17 May 2003	17 mei 2003
Dear Sirs	Geachte heren *(commercial letter)*
Dear Sir / Madam	Geachte heer / mevrouw
Yours faithfully	Hoogachtend
Dear Mr... / Mrs...	Geachte meneer... / mevrouw...
Yours sincerely	Hoogachtend
Dear Annie	Beste Annie
Best regards	Met vriendelijke groeten
Dear Jan	Lieve Jan
Love	Veel liefs

What is your address?
Wat is uw adres?
*wat is uuw **ah**-dres?*

What is your postcode (zip)?
Wat is uw postcode?
*wat is uuw **post**-coh-du*

Thank you for your letter
Dank u voor uw brief
dank uu vohr uuw breef

Write soon!
Schrijf snel!
sCHreif snel

Addressing an envelope

Abbreviations:
Dhr. = Mr
Mevr. = Mrs
Mej. = Miss

Dhr. A.B. Man
Goedstraat
1122 AB Grootstad
Nederland

Street
Postcode &Town
Country

see also **INTERNET** ☐ **E-MAIL** ☐ **FAX** ☐ **BUSINESS**   65

*Banks are generally open 9 am to 5 pm Monday to Friday. Alternatively, you will find foreign currency exchanges in most cities with extended opening hours. The euro is the currency of The Netherlands. Euro cents are known as **euro centen** (eu-**roh** cen-tu).*

Where is the bank?
Waar is de bank?
wahr is du bank

Where is the nearest cash dispenser?
Waar is de dichstbijzijnde geldautomat?
*wahr is du diCHST-**bei**-zein-du **CHeld**-ou-toh-maht*

Where can I change some money?
Waar kan ik geld wisselen?
*wahr kan ik CHeld **wis**-su-lu*

I want to change these traveller's cheques
Ik wil deze travellercheques wisselen
*ik wil **day**-ze **trah**-vel-ler-checks **wis**-su-lu*

When does the bank open?
Wanneer gaat de bank open?
*wan-**nayr** CHaht du bank **oh**-pu*

What time does the bank close?
Hoe laat gaat de bank dicht?
hoo laht CHaht de bank diCHt

Can I pay with traveller's cheques?
Kan ik met travellercheques betalen?
*kan ik met **trah**-vel-ler-checks be-**tah**-lu*

Can I use my credit card to get euros?
Kan ik mijn creditcard gebruiken om euro te krijgen?
*kan ik mein **cray**-dit-card CHu-**brui**-ku om eu-**roh** tu krei-CHu*

Can I use my card with this cash dispenser?
Kan ik mijn pas / card gebruiken in deze geldautomaat?
*kan ik mein pas / card CHu-**brui**-ku in day-ze **CHeld**-ou-toh-maht*

 see also **PAYING**

TOTAAL toh-**tahl**	TOTAL
REKENING **ray**-ku-ning	BILL
KASSA kas-**sah**	CASH DESK
FAKTUUR fak-**tuur**	INVOICE
BETAAL AAN DE KASSA bu-**tahl** ahn du kas-**sah**	PAY AT THE CASH DESK
KASSABON kas-**sah**-bon	RECEIPT

How much is it?
Hoeveel kost het?
hoo-vayl kost het

Can I pay...? **by credit card** **by cheque**
Kan ik betalen...? per creditcard met een cheque
*kan ik bu-**tah**-lu...* *per **cre**-dit-card* *met un check*

Do you take credit cards?
Accepteert u creditcards?
*ak-cep-**tayrt** uu **cre**-dit-cards*

Is service included? **Is VAT included?**
Is de bediening inbegrepen? Is het inclusief BTW?
*is du bu-**dee**-ning in-bu-**CHray**-pu* *is het in-**cluu**-seef bay-tay-way*

Put it on my bill
Zet het maar op mijn rekening
*zet het mahr op mein **ray**-ku-ning*

I need a receipt
Ik heb een kassabon nodig
*ik heb un kas-**sah**-bon **noh**-diCH*

Do I pay in advance? **Where do I pay?**
Moet ik vooruitbetalen? Waar moet ik betalen?
*moot ik vohr-uit-be-**tah**-lu* *wahr moot ik bu-**tah**-lu*

I'm sorry **I've nothing smaller**
Het spijt me Ik heb niets kleiners
het speit mu *ik heb neets **klei**-ners*

see also **SHOPPING** □ **MONEY** 67

BAGAGE *bah-CHah-shu*	**BAGGAGE RECLAIM**
BAGAGE DEPOT *bah-CHah-shu day-poh*	**LEFT-LUGGAGE OFFICE**
BAGAGEWAGENTJE *bah-CHah-shu-wah-CHun-chu*	**LUGGAGE TROLLEY**

My luggage hasn't arrived
Mijn bagage is niet aangekomen
mein bah-CHah-shu is neet ahn-CHu-koh-mu

My suitcase has arrived damaged
Mijn koffer is beschadigd aangekomen
mein kof-fer is bu-schah-diCHd ahn-CHu-koh-mu

What's happened to the luggage on the flight from...?
Wat er gebeurd met de bagage van de vlucht uit...?
wat is er CHu-beurd met du bah-CHah-shu van du vluCHt uit...

Can you help me with my luggage, please?
Kunt u mij helpen met mijn bagage, alstublieft?
kunt uu mei hel-pu met mein bah-CHah-shu als-tuu-bleeft

When does the left-luggage office open / close?
Hoe laat gaat het bagage depot open / dicht?
hoo laht CHaht het bah-CHah-shu day-poh oh-pu / diCHt

I'd like to leave this suitcase...
Ik wil graag deze koffer hier laten...
ik wil CHrahCH day-zu kof-fer heer lah-tu...

until ... o'clock
tot ... uur
tot ... uur

overnight
tot morgen
tot mor-CHu

till Saturday
tot zaterdag
tot zah-ter-daCH

Can I leave my luggage here?
Kan ik mijn bagage hier laten?
kan ik mein bah-CHah-shu heer lah-tu

I'll collect it at... *(time)*
Ik haal het op om...
ik hahl het op om...

■ **YOU MAY HEAR**

U kunt het hier laten tot 6 uur
uu kunt het heer lah-tu tot zes uur
You may leave it here until 6 o'clock

see also **TRAIN** ☐ **AIR TRAVEL**

SCHOENMAKER sCHoon-mah-ker

KLAAR TERWIJL U WACHT *klahr ter-weil uu waCHt*   REPAIRS WHILE YOU WAIT

This is broken
Het is kapot
het is kah-pot

Where can I get this repaired?
Waar kan ik dit laten repareren?
wahr kan ik dit lah-tu ray-pah-ray-ru

Is it worth repairing?
Is reparatie de moeite waard?
is ray-pah-rah-tsee du mooee-tu wahrd

Repair...
Repareer...
ray-pah-rayr...

these shoes
deze schoenen
day-zu schoo-nu

my watch
mijn horloge
mein hor-loh-shu

How much will it be?
Hoeveel kost het?
hoo-vayl kost het

Can you do it straightaway?
Kunt u het direct doen?
kunt uu het dee-rekt doon

How long will it take?
Hoe lang duurt het?
hoo lang duurt het

When will it be ready?
Wanneer is het klaar?
wan-nayr is het klahr

Where can I have my shoes reheeled?
Waar kan ik nieuwe hakken op mijn schoenen laten zetten?
wahr kan ik nee-wu hak-ku op mein schoo-nu lah-tu zet-tu

I need some...
Ik heb nodig...
ik heb noh-diCH...

glue
lijm
leim

Sellotape®
plakband
plak-band

a light bulb
een gloeilamp
un CHlooee-lamp

an electrical fuse
een zekering
un zay-ku-ring

Do you have a needle and thread?
Heeft u naald en draad?
hayft uu nahld en drahd

see also **BREAKDOWN**

69

LAUNDRY

STOMERIJ **stoh**-mu-rei	DRY-CLEANER'S
WASSERETTE **was**-su-ret-tu	LAUNDERETTE
ZEEPPOEDER **zayp**-poo-der	WASHING POWDER

Where can I do some washing?
Waar kan ik de was doen?
wahr kan ik du was doon

Can you send my clothes to the laundry?
Kunt u mijn kleren naar de wasserij sturen?
*kunt uu mein **klay**-ru nahr du was-su-**rei** stuu-ru*

When will my things be ready?
Wanneer zijn mijn spullen klaar?
*wan-**nayr** zein mein **spul**-lu klahr*

Is there a launderette near here?
Is er een wasserette in de buurt?
*is er un **was**-su-ret-tu in du buurt*

When does it open?
Hoe laat gaat zij open?
*hoo laht CHaht zei **oh**-pu*

When does it close?
Hoe laat gaat zij dicht?
hoo laht CHaht zei diCHt

What coins do I need?
Welke munten heb ik nodig?
*welke **mun**-tu heb ik **noh**-diCH*

Is there somewhere to dry clothes?
Is er een plek om kleren te drogen?
*is er un plek om **klay**-ru tu droh-CHu*

Can you iron these clothes?
Kunt u deze kleren strijken?
*kunt uu **day**-zu **klay**-ru strei-ku*

Can I borrow an iron?
Kan ik een strijkijzer lenen?
*kan ik un **streik**-ei-zer lay-nu*

COMPLAINTS

This doesn't work
Het werkt niet
het werkt neet

The ... doesn't work
De/Het ... werkt niet
du/het ... werkt neet

The ... don't work
De ... werken niet
*du ... **wer**-ku niet*

light
het licht
het liCHt

heating
de verwarming
*du ver-**war**-ming*

air conditioning
de air-conditioning
*du **air**-con-di-ti-oh-ning*

There's a problem with the room
Er is een probleem met de kamer
*er is un **proh**-blaym met du **kah**-mer*

It's noisy (room)
Er is teveel lawaai
*er is tu-**vayl lah**-wahee*

It's too hot (room)
Het is te warm
het is tu warm

It's too cold
Het is te koud
het is tu koud

It's too hot / too cold (food)
Het is te heet / te koud
het is tu hayt / tu koud

The meat is cold
Het vlees is koud
het vlays is koud

This isn't what I have ordered
Dit is niet wat ik heb besteld
*dit is neet wat ik heb bu-**steld***

To whom should I complain?
Bij wie kan ik mij beklagen?
*bei wee kan ik mei bu-**klah**-CHu*

It's faulty
Het is defect
*het is du-**fect***

I want a refund
Ik wil mijn geld terug
*ik wil mein CHeld tu-**ruCH***

The goods were damaged during transport
De goederen zijn beschadigd tijdens het transport
*du **CHoo**-du-ru zein bu-**schah**-diCHd **tei**-dens het **trans**-port*

see also **HOTEL DESK** ☐ **REPAIRS** ☐ **PROBLEMS**   71

Can you help me?
Kunt u mij helpen?
kunt uu mei hel-pu

I only speak a little Dutch
Ik spreek slechts een beetje Nederlands
ik sprayk sleCHts un bay-chu nay-der-lands

Does anyone here speak English?
Spreekt hier iemand Engels?
spraykt heer ee-mand eng-els

What's the matter?
Wat is er aan de hand?
wat is er ahn du hand

I would like to speak to whoever is in charge
Ik wil graag met de chef spreken
ik wil CHrahCH met du shef spray-ku

I'm lost
Ik ben verdwaald
ik ben ver-dwahld

How do I get to...?
Hoe kom ik bij...?
hoo kom ik bei...

I've missed my... train plane connection bus
Ik miste mijn... trein vliegtuig verbinding bus
ik mis-tu mein... trein *vleeCH-tuiCH* *ver-bin-ding* bus

The coach has left without me / us
De bus is zonder mij / ons vertrokken
du bus is zon-der mei / ons ver-trok-ku

Can you show me how this works?
Kunt u mij laten zien hoe dit werkt?
kunt uu mei lah-tu zeen hoo dit werkt

I have lost my purse
Ik heb mijn portemonnaie verloren
ik heb mein por-tu-mon-nay ver-lo-ru

I need to get to...
Ik moet naar...
ik moet nahr...

Leave me alone!
Laat me met rust!
laht mu met rust!

Go away!
Ga weg!
CHah weCH

POLITIE *poh-**lee**-tsee*		**POLICE**
AMBULANCE *am-**buu**-lan-cu*		**AMBULANCE**
BRANDWEER *brand-**wayr***		**FIRE BRIGADE**
ONGEVALLEN *on-CHu-val-lu*		**CASUALTY DEPARTMENT**
EHBO *ay-hah-bay-oh*		**FIRST AID** *(sign)*

Help!
Help!
help

Fire!
Brand!
brand

Can you help me?
Kunt u mij helpen?
*kunt uu mei **hel**-pu*

There's been an accident!
Er is een ongeluk gebeurd!
*er is un **on**-CHu-luk CHu-**beurd***

Someone is injured
Er is iemand gewond
*er is **ee**-mand CHu-**wond***

Someone has been knocked down by a car
Er is iemand overreden
*er is **ee**-mand **oh**-ver-ray-du*

Phone...
Bel...
bel...

the police
de politie
*du poh-**lee**-tsee*

an ambulance
een ambulance
*un am-**buu**-lan-cu*

please
alstublieft
*als-tuu-**bleeft***

Where is the police station?
Waar is het politiebureau?
*wahr is het poh-**lee**-tsee-buu-roh*

I want to report a theft
Ik wil een diefstal aangeven
*ik wil un **deef**-stal ahn-**CHay**-vu*

I've been robbed / attacked
Ik ben beroofd / aangevallen
*ik ben be-**rohfd** / **aan**-CHu-val-lu*

They've stolen my...
Ze hebben mijn ... gestolen
*zu **heb**-bu mein ... CHu-**stoh**-lu*

bag
tas
tas

traveller's cheques
travellercheques
trah-vel-ler-cheks

My car has been broken into
Mijn auto is ingebroken
*mein **ou**-toh is in-CHu-**broh**-ku*

cont...

73

I've been raped
Ik ben verkracht
*ik ben ver-**kraCHt***

I want to speak to a policewoman
Ik wil met een politie-agente spreken
*ik wil met un poh-**lee**-tsee-ah-CHen-tu **spray**-ku*

I need to make an urgent telephone call
Ik moet dringend opbellen
*ik moot dring-**end op**-bel-lu*

I need a report for my insurance
Ik heb een rapport nodig voor mijn verzekering
*ik heb un rap-**port noh**-diCH vohr mein ver-**zay**-ku-ring*

My car radio has been stolen
Mijn autoradio is gestolen
*mein **ou**-toh-rah-di-oh is CHu-**stoh**-lu*

I don't know the speed limit
Ik weet de maximum snelheid niet
*ik wayt du max-**ee**-mum **snel**-heid neet*

How much is the fine?
Hoeveel bedraagt de boete?
*hoo-vayl bu-**drahCHt** du **boo**-tu*

Where do I pay it?
Waar moet ik betalen?
*wahr moot ik bu-**tah**-lu*

Do I have to pay it straightaway?
Moet ik het direct betalen?
*moot ik het dee-**rekt** be-**tah**-lu*

I'm very sorry
Het spijt me heel erg
het speit mu hayl erCH

■ YOU MAY HEAR

U reed door het rode licht
*uu rayd dohr het **roh**-du liCHt*
You went through a red light

DROGIST(ERIJ) *drog-CHist(tu-rei)*	PHARMACY / CHEMIST
APOTHEEK *ah-poh-tayk*	PHARMACY *(for prescription)*
DIENSTDOENDE APOTHEEK *deenst-doon-du ah-poh-tayk*	DUTY CHEMIST
RECEPT *ru-cept*	PRESCRIPTION

I don't feel well
Ik voel me niet goed
ik vool mu neet CHood

Have you something for...?
Heeft u iets voor...?
hayft uu eets vohr...

a headache	**car sickness**	**diarrhoea**
hoofdpijn	reisziekte	diarree
hohfd-pein	*reis-zeek-tu*	*dee-ar-ray*

I have a rash
Ik heb uitslag
ik heb uit-slaCH

Is it safe for children?
Is het geschikt voor kinderen?
is het CHu-schikt vohr kin-du-ru

How much should I give?
Hoeveel moet ik geven?
hoo-vayl moot ik CHay-vu

■ YOU MAY HEAR

Driemaal daags voor / met / na maaltijden
dree-mahl dahCHs vohr / met / nah mahl-tei-du
Take it three times a day before / with / after meals

■ WORDS YOU MAY NEED

antiseptic	antisepticum, het *an-tee-sep-teekum*
aspirin	aspirine, de *as-pee-ree-nu*
condoms	condooms, de *kon-dohms*
dental floss	dental floss, het *den-tal floss*
plasters	pleisters, de *pleis-ters*
sanitary pads	inlegkruisjes, de *in-leCH-kruis-yus*
sanitary towels	maandverband, het *mahnd-ver-band*
sore throat	zere keel, de *zay-ru kayl*
tampons	tampons, de *tam-pons*
toothpaste	tandpasta, de *tand-pas-tah*

see also **BODY** ☐ **DOCTOR**   75

BODY

In Dutch it is possible to say:
I have a headache – ik heb hoofdpijn ik heb **hohfd**-pein *or*
my head hurts – mijn hoofd doet pijn mein hofd doot pein

ankle	enkel, de	**en**-kel
arm	arm, de	arm
back	rug, de	ruCH
bone	been, het / bot, het	bayn / bot
chin	kin, de	kin
ear	oor, het	ohr
elbow	elleboog, de	**el**-lu-bohCH
eye	oog, het	ohCH
finger	vinger, de	**ving**-er
foot	voet, de	voot
hair	haar, het	hahr
hand	hand, de	hand
head	hoofd, het	hohfd
heart	hart, het	hart
hip	heup, de	heup
joint	gewricht, het	CHu-**wriCHt**
kidney	nier, de	neer
knee	knie, de	knee
leg	been, het	bayn
liver	lever, de	**lay**-ver
mouth	mond, de	mond
nail	nagel, de	**nah**-CHel
neck	nek, de	nek
nose	neus, de	neus
stomach	maag, de / buik, de	mahCH / buik
throat	keel, de	kayl
thumb	duim, de	duim
toe	teen, de	tayn
wrist	pols, de	pols

76

ZIEKENHUIS *zee-ku-huis*	HOSPITAL
ONGEVALLEN *on-CHUH-val-lu*	CASUALTY DEPARTMENT
SPREEKUUR *sprayk-uur*	SURGERY HOURS

I need a doctor
Ik moet naar de dokter
ik moot nahr du dok-tur

I have pain here (point)
Het doet hier pijn
het doot heer pein

My son / daughter is ill
Mijn zoon / dochter is ziek
mein zohn / doCH-tur is zeek

He / She has a temperature
Hij / Zij heeft koorts
hei / zei hayft kohrts

I'm diabetic
Ik heb suikerziekte
ik heb sui-kur-zeek-tu

I'm pregnant
Ik ben in verwachting
ik ben in ver-waCH-ting

I'm allergic to penicillin
Ik ben allergisch voor penicilline
ik ben al-ler-CHeesch voor pay-nu-cil-lee-nu

I'm on the pill
Ik gebruik de pil
ik CHu-bruik du pil

My blood group is...
Mijn bloedgroep is...
mein blood-CHroop is...

Will he / she have to go to hospital?
Moet hij / zij naar het ziekenhuis?
moot hei / zei nahr het zee-ku-huis

Will I have to pay?
Moet ik betalen?
moot ik bu-tah-lu

How much will it cost?
Hoeveel kost het?
hoo-vayl kost het

I need a receipt for the insurance
Ik heb een ontvangstbewijs nodig voor de verzekering
ik heb un ont-vangst-bu-weis noh-diCH vohr du ver-zay-ku-ring

■ **YOU MAY HEAR**

Het is niet ernstig
het is neet ern-stiCH
It's not serious

see also EMERGENCIES ❑ PHARMACY ❑ BODY 77

I need a dentist
Ik heb een tandarts nodig
*ik heb un **tand**-arts noh-diCH*

He / She has toothache
Hij / Zij heeft kiespijn
*hei / zei hayft **kees**-pein*

Can you do a temporary filling?
Kunt u een tijdelijke vulling maken?
*kunt uu un **tei**-du-lu-ku **vul**-ling **mah**-ku*

It hurts (me)
Het doet pijn
het doot pein

Can you give me something for the pain?
Kunt u mij iets tegen de pijn geven?
*kunt uu mei eets **tay**-CHu du pein **CHay**-vu*

I think I have an abscess
Ik geloof dat ik een gezwel heb
*ik CHu-**lohf** dat ik un CHu-**zwel** heb*

Can you repair my dentures?
Kunt u mijn kunstgebit repareren?
*kunt uu mein **kunst**-CHu-bit ray-pah-**ray**-ru*

Do I have to pay?
Moet ik betalen?
*moot ik bu-**tah**-lu*

How much will it be?
Hoeveel kost het?
hoo-vayl kost het

I need a receipt for my insurance
Ik heb een ontvangstbewijs nodig voor mijn verzekering
*ik heb un ont-**vangst**-bu-weis noh-diCH vohr mein ver-**zay**-ke-ring*

◼ YOU MAY HEAR

Hij moet er uit
hei moot er uit
It has to come out

Ik ga u een injectie geven
*ik CHah uu un in-**yec**-tsee*
I'm going to give you an injection

see also **PHARMACY**

Public buildings, including museums, have facilities for disabled visitors. It is best to check accessibility before visiting a tourist attraction.

What facilities do you have for disabled people?
Welke faciliteiten heeft u voor invaliden?
wel-ku fah-cee-lee-tei-tu hayft uu vohr in-vah-lee-du

Are there any toilets for the disabled?
Zijn er toiletten voor invaliden?
zein er twa-let-tu vohr in-vah-lee-du

Do you have any bedrooms on the ground floor?
Heeft u slaapkamers op de begane grond?
hayft uu slahp-kah-mers op du bu-CHa-nu CHrond

Is there a lift?
Is er een lift?
is er un lift

Where is the lift?
Waar is de lift?
wahr is du lift

Are there any ramps?
Zijn er hellende opritten?
zein er hel-len-du op-rit-tu

How many stairs are there?
Hoeveel trappen zijn er?
hoo-vayl trap-pu zein er

How wide is the entrance door?
Hoe breed is de ingang?
hoe brayd is du in-CHang

Where is the wheelchair-accessible entrance?
Waar is de ingang voor rolstoelen?
wahr is du in-CHang vohr rol-stoo-lu

Is there a reduction for handicapped people?
Is er korting voor gehandicapten?
is er kor-ting vohr CHu-hen-dee-cap-tu

Is there somewhere I can sit down?
Kan ik ergens zitten?
kan ik er-CHens zit-tu

EXCHANGE VISITORS

*We have used the formal **u** in the following phrases. For friends use the informal **je** instead of **u**. (When **je** follows the verb the **t** drops, for example: **wat wil je?**)*

What would you like for breakfast?
Wat wilt u voor het ontbijt?
*wat wilt uu vohr ut ont-**beit***

What would you like to eat?
Wat wilt u eten?
*wat wilt uu **ay**-tu*

What would you like to drink?
Wat wilt u drinken?
*wat wilt uu **drin**-ku*

Did you sleep well?
Goed geslapen?
*CHood CHu-**slah**-pu*

What would you like to do today?
Wat wilt u vandaag doen?
*wat wilt uu van-**dahCH** doon*

I will pick you up...
Ik haal u op...
ik hahl uu op...

at the station
van het station
*van ut stah-**chon***

at ... o'clock
om ... uur
om ... uur

May I phone home?
Mag ik naar huis bellen?
*maCH ik nahr huis **bel**-lu*

I like...
Ik hou van...
ik hou van...

I don't like...
Ik hou niet van...
ik hou neet van...

Take care
Wees voorzichtig
*ways vohr-**ziCH**-tiCH*

Thanks for everything
Dank u voor alles
dank uu vohr al-les

Thank you very much
Dank u wel
dank uu wel

I've had a great time
Ik heb het naar mijn zin gehad
*ik heb ut nahr mein zin CHu-**had***

While very young children may travel free on public transport, discounts are usually available for older children. This also includes attractions such as museums.

A child's ticket
Een kinderkaartje
un **kin**-der-kahr-chu

He/She is ... years old
Hij/Zij is ... jaar
hei-zei is ... jahr

Is there a reduction for children?
Krijgen kinderen korting?
krei-CHu **kin**-du-ru **kor**-ting

Do you have a children's menu?
Heeft u een menu voor kinderen?
hayft uu un mu-**nuu** vohr **kin**-du-ru

Is it OK to take children?
Kunnen we de kinderen meenemen?
kun-nu wu du **kin**-du-ru **may**-nay-mu

What is there for children to do?
Wat kunnen de kinderen doen?
wat **kun**-nu du **kin**-du-ru doon

Is there a play park near here?
Is er een speeltuin in de buurt?
is er un **spayl**-tuin in du buurt

Is it safe for children?
Is het veilig voor kinderen?
is ut **vei**-liCH vohr **kin**-du-ru

Do you have...
Heeft u...
hayft uu...

a high chair
een kinderstoel
un **kin**-der-stool

a cot
een wieg
un weeCH

I have two children
ik heb twee kinderen
ik heb tway **kin**-du-ru

He/She is 10 years old
Hij/Zij is tien jaar
hei/zei is teen jahr

Do you have any children?
Heeft u kinderen?
hayft uu **kin**-du-ru

see also **PHARMACY** ☐ **DOCTOR**

DIRECTIEVERGADERING di-rec-**tee**-ver-**CHah**-du-ring	BOARD MEETING
CONFERENTIEZAAL con-fu-ren-**tee**-zahl	CONFERENCE ROOM
DIRECTEUR di-rec-**teur**	DIRECTOR
VERGADERING ver-**CHah**-du-ring	MEETING
NOTULEN noh-**tuu**-lu	MINUTES
MONSTER **mon**-ster	SAMPLE
HANDELSBEURS **han**-dels-beurs	TRADE FAIR

I'd like to arrange a meeting with...
Ik wil graag een vergadering beleggen met...
*ik wil CHrahCH un ver-**CHah**-du-ring bu-**leCH**-Chu met...*

I'm calling from HarperCollins Ltd
Ik bel van HarperCollins
ik bel van HarperCollins

Are you free...?
Bent u vrij...?
bent uu vrei...

on the 4th of May at 1100 am
op 4 mei om 11.00 uur
op veer mei om elf uur

for meeting over...
voor een bespreking tijdens...
*vohr un bu-**spray**-king **tei**-dens...*

lunch
lunch
lunch

dinner
diner
dee-nay

I will confirm that...
Ik zal dat bevestigen...
*ik zal dat bu-**ves**-ti-CHu...*

by letter
per brief
per breef

by fax
per fax
per fax

I'm staying at Hotel...
Ik logeer in hotel...
*ik loh-shayr in hoh-**tel**...*

How do I get to your office?
Hoe kom ik bij uw kantoor?
*hoo kom ik bei uuw kan-**tohr***

Let ... know that I will be ... minutes late, please
Laat ... weten dat ik ... minuten te laat ben, alstublieft
*laht ... **way**-tu dat ik ... mee-**nuu**-tu tu laht ben als-tuu-**bleeft***

I have an appointment with...
Ik heb een afspraak met...
*ik heb un af-**sprahk** met...*

at ... o'clock
om ... uur
om ... uur

My name is Caroline Smart
Mijn naam is Caroline Smart
mein nahm is Caroline Smart

Here is my card
Hier is mijn visitekaartje
heer is mein vee-see-tu-kahr-chu

I'm delighted to meet you at last
Het doet mij een groot plezier u eindelijk te ontmoeten
het doot mei un CHroht plu-zeer uu ein-du-luk te ont-moo-tu

I don't know much Dutch
Ik spreek niet veel Nederlands
ik sprayk neet vayl nay-der-lands

Can you speak more slowly?
Kunt u langzamer spreken?
kunt uu lang-zah-mer spray-ku

I'm sorry I'm late
Het spijt me dat ik te laat ben
het speit mu dat ik tu laht ben

My plane was delayed
Mijn vliegtuig had vertraging
meih vleeCH-tuiCH had ver-trah-Ching

May I introduce you to...
Mag ik u voorstellen aan...
maCH ik u vohr-stel-lu ahn...

Can I invite you to dinner?
Mag ik u uitnodigen voor het diner?
maCH ik uu uit-noh-di-Chu vohr het dee-nay

■ **YOU MAY HEAR**

Heeft u een afspraak?
hayft uu un af-sprahk
Do you have an appointment?

Meneer / Mevrouw ... is niet op kantoor
mu-nayr / mu-vrouw ... is neet op kan-tohr
Mr / Mrs / Ms ... isn't in the office

Hij / Zij komt over vijf minuten terug
hei / zei komt oh-ver veif mee-nuu-tu tu-rug
He / She will be back in five minutes

see also **TELEPHONE** □ **E-MAIL** □ **INTERNET** □ **FAX**   83

The Dutch alphabet is the same as the English. Below are letters used for clarification when spelling something out.

How do you spell it?
Hoe spel je het?
hoo spel yu het

A as in Amsterdam, b as in Bravo
A van Amsterdam, b van bravo
ah van am-ster-dam, bay van brah-voh

A	*ah*	Amsterdam	*am-ster-dam*
B	*bay*	Bravo	*brah-voh*
C	*cay*	Charlie	*char-lee*
D	*day*	Dirk	*dirk*
E	*ay*	Edam	*ay-dam*
F	*ef*	Freddie	*fre-dee*
G	*CHay*	goed	*CHood*
H	*hah*	help	*help*
I	*ee*	Isaac	*ee-sahk*
J	*yay*	Jaap	*yahp*
K	*kah*	kilo	*kee-loh*
L	*el*	lasso	*las-soh*
M	*em*	moeder	*moo-der*
N	*en*	Nico	*nee-ko*
O	*oh*	Otto	*ot-toh*
P	*pay*	paard	*pahrd*
Q	*kuu*	Quaker	*kway-ker*
R	*er*	Rudolf	*ruu-dolf*
S	*es*	suiker	*sui-ker*
T	*tay*	tafel	*tah-fel*
U	*uu*	uur	*uur*
V	*vay*	vogel	*voh-CHel*
W	*way*	wind	*wind*
X	*iks*	xylofoon	*see-loh-phohn*
Y	*ei*	Yankee	*yan-kee*
Z	*zet*	zout	*zout*

*The metric system is used. Note that a Dutch pound – **pond** is 500 grams, and the Dutch ounce – **ons** is 100 grams.*

■ LIQUIDS

1/2 litre of...	halve liter...	**hal**-vu **lee**-ter...
a litre of...	een liter...	un **lee**-ter...
a bottle of...	een fles...	un fles...
a glass of...	een glas...	un CHlas...

■ WEIGHTS

100 grams of...	een ons...	un ons...
1/2 kilo of... *(500 g)*	een pond...	un pond...
a kilo of... *(1000 g)*	een kilo...	un **kee**-loh...

■ FOOD

a slice of...	een plak...	un plak...
a portion of...	een portie...	un **por**-tsee...
a dozen...	een dozijn...	un doh-**zein**...
a box of...	een doos...	un dohs...
a packet of... *(large)*	een pak...	un pak...
a packet of... *(small)*	een pakje...	un **pak**-yu...
a tin of...	een blik...	un blik...
a jar of...	een pot...	un pot...

■ MISCELLANEOUS

a third	een derde	un **der**-du
a quarter	een kwart	un kwart
ten per cent	tien procent	teen proh-**cent**
more...	meer...	mayr...
less...	minder...	**min**-der...
enough	genoeg	CHu-**nooCH**
double	dubbel	**dub**-bel
twice	twee keer	tway kayr
three times	drie keer	dree kayr

NUMBERS

0	**nul** *nul*	**1st**	eerste	
1	**één** *ayn*		**ayr**-*stu*	
2	**twee** *tway*	**2nd**	tweede	
3	**drie** *dree*		**tway**-*du*	
4	**vier** *veer*	**3rd**	derde	
5	**vijf** *veif*		**der**-*du*	
6	**zes** *zes*	**4th**	vierde	
7	**zeven** *zay*-*vu*		**veer**-*du*	
8	**acht** *aCHt*	**5th**	vijfde	
9	**negen** *nay*-*CHu*		**veif**-*du*	
10	**tien** *teen*	**6th**	zesde	
11	**elf** *elf*		**zes**-*du*	
12	**twaalf** *twahlf*	**7th**	zevende	
13	**dertien** **der**-*teen*		**zay**-*vun*-*du*	
14	**veertien** **vayr**-*teen*	**8th**	achtste	
15	**vijftien** **veif**-*teen*		**aCHt**-*stu*	
16	**zestien** **zes**-*teen*	**9th**	negende	
17	**zeventien** **zay**-*vu*-*teen*		**nay**-*CHun*-*du*	
18	**achttien** **aCHt**-*teen*	**10th**	tiende	
19	**negentien** **nay**-*CHu*-*teen*		**teen**-*du*	
20	**twintig** *twin*-*tiCH*			
21	**éénentwintig** *ayn*-*en*-*twin*-*tiCH*			
22	**tweeëntwintig** **tway**-*en*-*twin*-*tiCH*			
23	**drieëntwintig** **dree**-*en*-*twin*-*tiCH*			
24	**vierentwintig** **veer**-*en*-*twin*-*tiCH*			
25	**vijfentwintig** **veif**-*en*-*twin*-*tiCH*			
30	**dertig** **der**-*tiCH*			
40	**veertig** **vayr**-*tiCH*			
50	**vijftig** **veif**-*tich*			
60	**zestig** **zes**-*tiCH*			
70	**zeventig** **zay**-*vun*-*tiCH*			
80	**tachtig** **taCH**-*tiCH*			
90	**negentig** **nay**-*CHun*-*tiCH*			
100	**honderd** **hon**-*derd*			
110	**honderdtien** **hon**-*derd*-*teen*			
500	**vijfhonderd** **veif**-*hon*-*derd*			
1,000	**duizend** **dui**-*zend*			
2,000	**tweeduizend** **tway**-*dui*-*zend*			
1 million	**één miljoen** *ayn mil*-**yoon**			

days

MAANDAG *mahn*-daCH	MON
DINSDAG *dins*-daCH	TUES
WOENSDAG *woons*-daCH	WED
DONDERDAG *don*-der-daCH	THUR
VRIJDAG *vrei*-daCH	FRI
ZATERDAG *zah*-ter-daCH	SAT
ZONDAG *zon*-daCH	SUN

months

JANUARI *jah*-nuu-ah-ree	JAN
FEBRUARI *fay*-bruu-ah-ree	FEB
MAART *mahrt*	MARCH
APRIL *ah*-pril	APRIL
MEI *mei*	MAY
JUNI *juu*-nee	JUNE
JULI *juu*-lee	JULY
AUGUSTUS *ou*-CHus-tus	AUG
SEPTEMBER *sep*-tem-ber	SEP
OKTOBER *ok*-toh-ber	OCT
NOVEMBER *noh*-vem-ber	NOV
DECEMBER *day*-cem-ber	DEC

What's the date?
Wat is de datum?
wat is du dah-tum

What day is it today?
Welke dag is het vandaag?
wel-ku daCH is het van-dahCH

It's the 5th of August 2003
Het is 5 augustus 2003
het is veif ou-Chus-tus tway-dui-zend-dree

on Saturday
op zaterdag
op zah-ter-daCH

on Saturdays
's zaterdags
s-zah-ter-daCHs

every Saturday
iedere zaterdag
ee-du-ru zah-ter-daCH

this Saturday
deze zaterdag
day-zu zah-ter-daCH

next / last Saturday
volgende / vorige zaterdag
vol-CHen-du / vo-ri-CHu zah-ter-daCH

in June
in juni
in juu-nee

at the beginning / end of June
begin / eind juni
bu-CHin / eind juu-nee

before summer
voor de zomer
vohr du zoh-mer

during the summer
tijdens de zomer
tei-dens du zoh-mer

after summer
na de zomer
nah du zoh-mer

The 24-hour clock is used as follows. After **1200** midday, it continues: **1300** – **één uur**, **1400** – **twee uur**, etc. However, announcements, as in railway stations, and written notices use the 24-hour clock properly.
Note that 9.30 is **half tien**, literally meaning **half ten**.

What time is it?	**am**	**pm**
Hoe laat is het?	voormiddag	namiddag
hoo laht is het	vohr-**mid**-daCH	nah-**mid**-daCH

It's...	**2 o'clock**	**3 o'clock**	**6 o'clock** (etc.)
Het is...	2 uur	3 uur	6 uur
het is...	tway uur	dree uur	zes uur

It's 1 o'clock	**It's 1200 midday**	**At midnight**
Het is 1 uur	het is 12 uur 's middags	Middernacht
het is ayn uur	het is twahlf uur **smid**-daCHs	mid-der-**naCHt**

9	**9 uur**
	nay-CHu uur

9.10	**10 over 9**
	teen **oh**-ver nay-CHu

quarter past 9	**kwart over 9**
	kwart **oh**-ver nay-CHu

9.20	**10 voor half 10**
	teen vohr half teen

9.30	**half 10**
	half teen

9.35	**5 over half 10**
	veif **oh**-ver half teen

quarter to 10	**kwart voor 10**
	kwart vohr teen

10 to 10	**10 voor 10**
	teen vohr teen

When does it open?
Hoe laat gaat het open?
hoo laht CHaht het oh-pu

When does it close?
Hoe laat gaat het dicht?
hoo laht CHaht het diCHt

When does it begin?
Hoe laat begint het?
hoo laht bu-CHint het

When does it finish?
Hoe laat eindigt het?
hoo laht ein-diCHt het

at 3 o'clock om 3 uur *om dree uur*	**before 3 o'clock** voor 3 uur *vohr dree uur*	**after 3 o'clock** na 3 uur *nah dree uur*

today vandaag ***van*-dahCH**	**tonight** vanavond *van-**ah**-vond*	**tomorrow** morgen ***mor*-CHu**	**yesterday** gisteren ***CHis*-tu-ru**

the day before yesterday
eergisteren
***ayr*-CHis-tu-ru**

the day after tomorrow
overmorgen
***oh*-ver-mor-CHu**

in the morning 's morgens ***smor*-Chens**	**this morning** vanmorgen *van-**mor**-CHu*	**this afternoon** vanmiddag *van-**mid**-daCH*

in the evening 's avonds ***sah*-vonds**	**this evening** vanavond *van-**ah**-vond*	**in the night** 's nachts *snaCHts*	**this night** vannacht *van-**naCHt***

at half past 7 om half 8 *om half aCHt*	**at about 10 o'clock** om ongeveer 10 uur *om on-CHu-**veer** teen uur*

in an hour's time over een uur ***oh*-ver un uur**	**in a little while** over een poosje ***oh*-ver un *poh*-shu**	**two hours ago** twee uur geleden *tway uur CHu-**lay**-du*

soon gauw *CHouw*	**early** vroeg *vrooCH*	**late** laat *laht*	**later** later ***lah*-ter**

I'll do it... Ik doe het... *ik doo het...*	**as soon as possible** zo gauw mogelijk *zoh gouw **moh**-CHu-luk*	**...at the latest** op z'n laatst... *op zun lahtst...*

BAR

Serves drinks, coffee, tea and snacks.

CAFÉ

Serves drinks, coffee, tea and snacks.

Snackbar

Like a fish and chip shop, but usually without the fish.

Cafetaria

More sophisticated than a snackbar, but not like a restaurant, usually self-service.

PANNEKOEKHUISJE

Pancake house. A popular snack place where there is often a breath-taking variety of pancakes on offer.

Grand Café

Serves drinks, coffee, tea and snacks, but also lunch and dinner.

EETCAFÉ

Pub which serves meals at dinner time, but less choice than in a restaurant..

Restaurant

At restaurants lunch is usually served between 12.30 and 2.30 pm. Dinner starts at 6 and usually goes on until 9.30 or 10 pm.

Broodjeswinkel

Sandwich shop. Look out for the open sandwiches (uitsmijter) topped with ham, cheese and an egg.

90

> If you want black coffee ask for **zwarte koffie**. For a white coffee
> ask for **koffie met melk**
>
> Lager is called **bier** or **pils** and is usually served with a small head
> of foam.

a coffee	**a lager**	**a glass of white wine**	**...please**
een koffie	een pils	een glaas witte vijn	...alstublieft
un **kof**-fee	un pils	un CHlas **vit**-tu vein	...als-tuu-**bleeft**

a tea...	**with milk**	**with lemon**	**no sugar**
een thee...	met melk	met citroen	geen suiker
un tay...	met melk	met cee-**troon**	CHayn **sui**-kur

for me	**for him / her**	**for us**
voor mij	voor hem / haar	voor ons
vohr mei	vohr hem / hahr	vohr ons

with ice, please
met ijs, alstublieft
met eis als-tuu-**bleeft**

A bottle of mineral water	**sparkling**	**still**
Een fles mineraalwater	met koolzuur	zonder koolzuur
un fles mee-nu-**rahl**-wah-ter	met **kohl**-zuur	**zon**-der **kohl**-zuur

Would you like a drink?
Wilt u iets drinken?
wilt uu eets **drin**-ku

I'm very thirsty	**It's my round!**
Ik heb erge dorst	Dit is mijn rondje
ik heb **er**-CHu dorst	dit is mein **ron**-chu

■ OTHER DRINKS TO TRY

advocaat Dutch liqueur based on egg yolks
chocolademelk hot or cold chocolate drink
jenever Dutch gin: **jonge** young, **oude** old (smooth)
rode wijn red wine
witte wijn white wine

Most restaurants have a menu displayed next to the entrance. Inside there may be a notice board with the day's specials and the dish or menu of the day.

Dagschotel *daCH-sCHoh-tel*	Plate of the day

Menu van de dag *me-**nuh** van de daCH*	Menu of the day *(set menu)*

Menu *Voorgerechten* *Soep* *Salades* *Vlees* *Vis* *Eigerechten* *Pasta* *Rijstschotels* *Kaas* *Nagerechten* *Dranken*	**Menu** *Starters* *Soups* *Salads* *Meat* *Fish* *Egg dishes* *Pasta* *Rice dishes* *Cheese* *Dessert* *Drinks*

BEDIENING INBEGREPEN	SERVICE INCLUDED

see also **IN A BAR/CAFÉ** ☐ **DRINKING**

Dutch food tends to be hearty, wholesome and cooked at home. Hence you will find few restaraunts specialising in Dutch cuisine.

Where can I have a snack?
Waar kan ik wat eten?
wahr kan ik wat ay-tu

not too expensive
niet te duur
neet tu duur

Can you recommend a good restaurant?
Kunt u een goed restaurant aanbevelen?
kunt uu un CHood res-tou-rant ahn-bu-vay-lu

I'd like a table for ... people
Ik wil graag een tafel voor ... personen
ik wil CHrahCH un tah-fel vohr ... per-soh-nu

for tonight
voor vanavond
vohr van-ah-vond

for tomorrow night
voor morgenavond
vohr mor-CHen-ah-vond

at 9 pm
om 9 uur
om nay-CHu uur

The menu, please
Het menu, alstublieft
het mu-nuu als-tuu-bleeft

What is the dish of the day?
Wat is de dagschotel?
wat is du daCH-schoh-tel

Do you have...?
Heeft u...?
hayft u...

à la carte menu
een à la carte menu
un ah lah kart mu-nuu

a children's menu
een kindermenu
un kin-der-mu-nuu

What can you recommend?
Wat kunt u aanbevelen?
wat kunt uu ahn-bu-vay-lu

What is this?
Wat is dit?
wat is dit

I'll have this
Ik wil dit
ik wil dit

Excuse me!
Pardon!
par-don!

Please bring...
Alstublieft, breng...
als-tuu-bleeft breng...

more bread
meer brood
mayr brohd

more water
meer water
mayr wah-ter

another bottle
nog een fles
noCH un fles

the bill
de rekening
du ray-ku-ning

Is service included?
Is de bediening inbegrepen?
is du bu-dee-ning in-bu-CHray-pu

VEGETARIAN

Most restaurants will have vegetarian dishes. In addition there are vegetarian and special health food restaurants serving food without chemical additives.

Are there any vegetarian restaurants here?
Zijn er hier vegetarische restaurants?
*zein er heer vay-CHu-**tah**-ree-su res-tou-**rants***

Do you have any vegetarian dishes?
Heeft u vegetarische gerechten?
*hayft uu vay-CHu-**tah**-ree-su CHu-**reCH**-tu*

Which dishes have no meat / fish?
Welke gerechten bevatten geen vlees / vis?
***wel**-ku CHu-**reCH**-tu bu-**vat**-tu CHayn vlays / vis*

What fish dishes do you have?
Wat voor visgerechten heeft u?
*wat vohr vis-CHu-**reCH**-tu hayft uu*

I don't like meat
Ik hou niet van vlees
ik hou neet van vlays

What do you recommend?
Wat kunt u aanbevelen?
*wat kunt uu ahn-bu-**vay**-lu*

Is it made with vegetable stock?
Is het gemaakt met vegetarische bouillon?
*is het CHu-**mahkt** met vay-CHu-**tah**-ree-su bool-**yon***

Which dishes contain...?	milk	butter
Welke gerechten bevatten...?	melk	boter
*wel-ku CHu-**reCH**-tu bu-vat-tu...*	*melk*	***boh**-ter*

cheese	eggs	chemical additives
kaas	eieren	chemische toevoegingen
kahs	***ei**-yu-ru*	*CHay-mee-su **too**-voo-CHing-u*

see also **EATING PLACES** ◻ **DRINKING**

MENU READER

A

aalbessen redcurrants

aardappel potato

aardappel in de schil gekookt jacket potato

aardappelpuree mashed potato

aardappelsoep potato soup

aardbei strawberry

abrikoos apricot

advocaat advocaat egg liqueur

alcoholvrije non-alcoholic

amandel almond

ananas pineapple

ananassap pineapple juice

andijvie stamppot potato and endive casserole

anijs aniseed

ansjovis anchovy

aperitief aperitif

appel apple

appelbeignet apple fritter

appelbol apple dumpling

appelflap apple pastry

appelgebak apple cake

appelmoes apple sauce

appeltaart apple tart

artisjokken artichoke

asperge (punten) asparagus (tips)

aspergesoep asparagus soup

Atjar tjampoer sweet-and-sour pickled vegetables

aubergine aubergine

augurk gherkin

avondeten dinner

azijn vinegar

B

baars perch

Babi pangang grilled sweet-and-sour pork

ballekessoep beef or chicken soup served with meatballs

Bami goreng pork, prawns and omelette with fried noodles

banaan banana

bar bar

basilicum basil

bediening service

bediening inbegrepen service included

Belgische wafels Belgian waffles

berenburg Frisian gin

beschuit biscuits/crackers

bessenjenever blackcurrant gin

biefstuk fillet of beef
niet gaar/rood rare
net gaar gebakken medium
doorgebakken well-done

biefstuk van de haas porterhouse steak

bier beer
donker dark
licht lager

bier van het vat draught beer

bieslook chive

bieten beetroot

bijgerechten side dishes

bisque de homard lobster bisque

bisschopswijn mulled wine

bistro bistro

bitterbal breaded meatball

bitterkoekjes almond biscuits

bittertje bitter aperitif

blinde winken stuffed sliced veal

bloedworst black pudding

bloemkool cauliflower

boerenjongens raisin brandy

boerenkool curly kale

boerenmeisjes apricot brandy

boerenomelet vegetable and bacon omelette

bokking kipper

bonen beans
witte bonen white beans
bruine bonen kidney beans

bonenkruid savoury

borrel shot

borrelhapje snack

borststuk breast

bosbessen blueberries

bot flounder or bone

boter butter

boterham bread and butter

boterkoek shortbread

botersaus butter sauce

bouillon broth

braadhaantje spring
chicken

braadworst frying sausage

braam blackberry

brandewijn brandy

brasem bream

broccoli broccoli

brood bread
  krentenbrood currant
  bread
  roggebrood rye bread
  volkorenbrood
  wholemeal bread
  witbrood white bread

brood maaltijd bread and
cheese, cold meat, eggs,
jam and pickles

brood pudding or
broodschoteltje bread
pudding

broodje bread roll or bun

broodje gezond healthy
salad roll

broodje halfom liver and
salted beef roll

broodje kaas cheese roll

broodjeswinkel sandwich
shop

bruine bonesoep hearty
kidney-bean soup

brut very dry

**BTW en
bediening
inbegrepen**
VAT and service
charge included

C

café café

cafeïnevrije decaffeinated
coffee

cafetaria self-service
restaurant

caramel pudding crème
caramel

cassis blackcurrant liqueur
or soft drink

champignon mushroom

chipolatapudding egg
pudding with biscuits and
liqueur

chips crisps

chocola(de) chocolate
  reep chocolade chocolate
  bar

chocolademelk chocolate
drink

citroen lemon

citroenbrandewijn lemon
brandy

citroenjenever lemon gin

99

citroentje met suiker brandy with lemon and sugar

cognac cognac

contrelet sirloin steak

cornflakes cereal

croissanterie French bread and croissant shop

D

dadel date

dagschotel dish of the day

dame blanche vanilla ice-cream with hot chocolate sauce

dille dill

diner dinner

donker bier porter beer

doorgebakken well-done

doperwtjes peas

dragon tarragon

drank(jes) drink(s)

droog dry

druif grape
  blauwe black grape
  witte white grape

druivesap grape juice

duif pigeon

Duitse biefstuk minced-beef steak

E

Edam medium-hard cheese in a distinctive coat of red wax

eend duck

ei egg
  gevulde eieren stuffed eggs
  hardgekookt ei hard-boiled egg
  roerei scrambled egg
  spiegeleiren fried eggs

eiersalade egg salad with pickles, mayonnaise and asparagus

eigengemaakt homemade

entrecôte ribeye steak

erwt pea

erwtensoep met kluif pea soup with pork, sausage, parsley, leeks and celery

espresso espresso

exclusief not included

F

fazant pheasant

filet fillet

filet américain steak tartare

flensje thin pancake

fles bottle

halve fles half bottle

Foe yong hai leek, prawn and onion omelette with sweet-and-sour sauce

forel trout

forel à la meunière trout with lemon and parsley

framboos raspberry

Franse uiensoep French onion soup

Friese nagelkaas clove-flavoured cheese

frikadel meatball

frisdrank soft drink

frites chips

fruit naar keuze a choice of fruit

G

gaar well done

Gado gado vegetables in peanut sauce

gans goose

garnalen prawns

gebakje pastry

gebakken fried

gebonden soep cream soup

gebraden roasted

gefrituurd deep fried

gegrild grilled or broiled

gehakt minced

gehaktbal meatball

gekoeld iced

gekookt boiled

gekruid seasoned

gemarineerd marinated

gember ginger

gemberbier ginger ale

gemberkoek gingerbread or cake

gemarineerd marinated

gemengd mixed

gepaneerd breaded

gepocheerd ei poached egg

geraspt grated

gerecht dish or course

gerookt smoked

geroosterd grilled

geroosterd brood toast

101

gesmolten boter clarified butter

gesmoord braised

gestoofd stewed

gestoomd steamed

Geuzelambiek Flemish wheat beer

gevarieerde assorted

gevogelte poultry

gevuld stuffed

gezouten salted

gin-tonic G&T

glas glass

glaasje small glass

groot glas large glass

Goudakaas medium-hard cheese, similar to Edam

grapefruitsap grapefruit juice

griet brill

groente vegetable

H

Haagse bluf egg-white dessert with redcurrant sauce

haantje cockerel

haas hare

hachee spiced mincemeat

half, halve half

half om half sweet strong

halve fles half bottle

ham ham

hardgekookt ei hardboiled egg

haring herring

nieuwe salt-cured

haringsalade herring salad with apple, pickles, potato, beetroot and mayonnaise

hart heart

havermoutpap porridge

hazelnoot hazelnut

hazepeper jugged hare

heilbot halibut

heldere soep consommé

hete bliksem potato, bacon and apple stew

Hollandse biefstuk T-bone steak

Hollandse nieuwe salt-cured herring with onions

Hollandse saus Hollandaise sauce

honing honey

hoofdgerecht main course

houtsnip woodcock

hutspot meat casserole with fried sausages

hutspot met klapstuk beef stew with mash, carrots and onions

huzarensalade potato salad with apple, pickles and ham

I

ijs ice or ice-cream
  aardbeien strawberry
  chocolade chocolate
  pistache pistachio
  vanille vanilla

ijstaart ice-cream cake

ijsthee iced tea

inclusief included

Indonesische gerechten Indonesian dishes

J

jachtschotel meat and potato casserole served with apple sauce

jagersaus rich wine sauce

jam jam

jenever gin

jonge jenever or **klare** young gin

jonge kaas fresh cheese

jus gravy

K

kaas cheese

kaas balletje cheese croquette

kaasbroodje Welsh rarebit

kaassaus cheese sauce

kabeljauw cod

kalfsborst veal breast

kalfshaas veal tenderloin

kalfskotelet veal cutlet

kalfsoester thin veal fillet

kalfstong veal tongue

kalfsvlees veal

kalkoen turkey

kaneel cinnamon

kaneelbeschuitjes cinammon biscuits

kappertjes capers

kappertjessaus butter sauce with capers

kapucijners marrowfat peas

karaf carafe

karbonade chop or cutlet

karnemelk buttermilk

karper carp

kastanjes chestnuts

kastanjepuree chestnut purée

kaviaar caviar

Kernhemmer soft dessert cheese

kerrie curry

kers cherry

zwarte kersen black cherries

kersenbrandewijn kirsch

kervelsoep chervil soup

kilo kilo

halve kilo half a kilo

kindermenu children's menu

kip chicken

gebraden kip roast chicken

kipfilet or **kippeborst** chicken breast

kippebout chicken leg

kippelevertjes chicken liver

knakworst frankfurter

knoflook garlic

knolselderij celeriac

koek cake

koekje biscuit

koffie coffee

potje koffie pot of coffee

koffiebroodjes sweet buns

koffie met melk regular white coffee

koffie met room coffee with cream

koffie met slagroom coffee with whipped cream

koffieshop coffee house

koffietafel a light lunch of bread and butter with assorted toppings, and coffee

koffie verkeerd coffee and a lot of hot milk

cafeïnevrije decaffeinated coffee

zwarte koffie black coffee

kokosnoot coconut

komijnekaas cumin-flavoured cheese

komkommer cucumber

konijn rabbit

koninginnesoep cream of chicken soup

kool cabbage

kopje cup

korhoen grouse

kotelet chop or cutlet

koud cold

koud vlees cold meat

krab crab

krabbetje spare rib

kreeft lobster

krent currant

krentenbrood currant bread

Kriekenlambiek Belgian cherry beer

kroepoek prawn crackers

kroket croquette

kruidenthee herbal tea

kruiderij seasoning or herb

kruidnagel clove

kruisbes gooseberry

kuiken spring chicken

kummel caraway seeds

kunstmatige zoetstof artificial sweetener

kwark fresh white cheese

kwarktaart cheesecake

kwartel quail

kwast lemon squash

L

lamsbout leg of lamb

lamskotelet lamb cutlet

lamsvlees lamb

langoest spiny lobster

laurier bay leaf

lekkerbekje fried haddock or plaice

lendestuk sirloin

lever liver

leverworst liver sausage

licht light

licht bier lager

likeur liqueur

Limburgse kaas spicy cream cheese

limonade lemonade

linzen lentils

liter litre

loempia spring roll

lunch lunch

M

maïs corn

maïskolven corn on the cob

makreel mackerel

mandarijn tangerine

marmelade marmalade

marsepein marzipan

meikaas cream cheese

meel flour

meelspijzen pasta

melk milk

meloen melon

menu van de dag set menu

met ijsblokjes on the rocks

mierikswortel horseradish

milkshake milkshake

mineraalwater mineral water

met koolzuur carbonated

zonder koolzuur still

moorkop puff-pastry coated in chocolate and filled with whipped cream

mossel mussel

mosterd mustard

mosterdsaus mustard sauce

mousserend sparkling

N

nagerecht dessert

Nasi goreng chicken, ham and prawn casserole with rice

Nasi rames a smaller version of *rijsttafel*

net gaar gebakken medium

nier kidney

nier broodje kidney and onion roll

niet gaar/rood rare

noot nut

nootmuskaat nutmeg

O

oester oyster

olie oil

olijf olive

omelet fines herbes herb omelette

omelet met champignons mushroom omelette

omelet met ham ham omelette

omelet met kass cheese omelette

omelet met kippelevertjes chicken liver omelette

omelet nature plain omelette

ongaar rare (not cooked)

ontbijt breakfast

ontbijtkoek honey cake

ontbijt spek rasher of bacon

open wijn house wine

oranjebitter orange-flavoured bitters

ossehaas beef fillet

ossestaart oxtail

ossestaartsoep oxtail soup

ossetong beef tongue

oude jenever mature gin, aged in casks

oude kaas mature cheese

P

paddestoel mushroom

paling eel

paling en het groen eel stewed in white wine, served with a herb sauce

pannekoek pancake

pannekoekhuisje pancake house

pap porridge

paprika green or red pepper

pastei pie

patates frites chips

patrijs partridge

peer pear

pekeltong salted tongue

pekelvlees salted beef

peper pepper

peper koek gingerbread

perzik peach

peterselie parsley

peultjes sugar peas

piccalilly pickle

picknick picnic

pils beer; lager

pinda peanut

pinda kaas peanut butter

Pisang goreng fried banana

plakken slices

poffertje fritter with sugar and butter

pompelmoes grapefruit

port port

portie portion

pot jar

potje pot of

107

prei leek

prinsessenboon green bean

proeflokaal bar selling locally-produced drinks

pruim plum

pruimedanten prunes

puur neat

R

rabarber rhubarb

radijs radish

rauw raw

ravigotesaus herb sauce

reebout or **reerug** venison

reep chocolade chocolate bar

rekening bill

ribstuk rib of beef

rijst rice

rijstebrijpudding rice pudding

rijsttafel a banquet of Indonesian dishes

rivierkreeft crayfish

rodebiet beetroot

rodekool red cabbage

Roedjak manis apple, cucumber and orange in soy sauce

roerei scrambled egg

roggebrood rye bread

rolmops rollmop herring

rolpens met rode kool pickled fried minced meat and tripe roll, served with red cabbage and apple

rood red

rookspek smoked bacon

rookvlees smoked beef

rookworst smoked sausage

roomboter butter

roomijs ice-cream

rosbief roast beef

rosé rosé

rozemarijn rosemary

rozijnen raisins

runderlap beefsteak

rundvlees beef

Russisch ei hard-boiled eggs with potato salad and/or an assortment of herring, prawns, capers, and anchovies with mayonnaise

S

saffraan saffron

Sajoer kerrie spicy cabbage soup

Sajoer lodeh vegetable, meat or shrimp soup

salade salad

salami salami

sambal hot pepper sauce

sandwich sandwich

sap juice

sardines sardines

saté meat skewers with peanut sauce

Sateh babi pork skewers with peanut sauce

saucijsjes sausages

saucijzebroodje sausage roll

saus sauce or gravy

schaal-en schelpdieren seafood

schapevlees mutton

schelvis haddock

schnitzel cutlet

schol plaice

schuimomelet dessert omelette

selderij celery

sherry sherry

sinaasappel orange

sinas orangeade

sla lettuce

slaboon green bean

slagroom whipped cream

slak snail

snel aangebraden sautéed

snoek pike

snoekbaars met mosterdsaus fried pike in a mustard sauce

snoep sweets

soep soup

soep van de dag soup of the day

sorbet sorbet

specerijen spices

specialiteit van het huis house speciality

speculaas spicy almond biscuit

spek bacon

sperzieboon green bean

spiegelei fried egg

spiegeleieren met ham ham and eggs

spiegeleiren met ontbijtspek bacon and eggs

spijskaart menu

spinazie spinach

speenvarken suckling pig

sprits shortbread

sprot sprats

spruitjes Brussels sprouts

spuitwater soda water

stamppot vegetable stew with mash

sterke drank spirit

steur sturgeon

stokvis dried cod

stroop treacle

stroopwafels honey-filled biscuits

studentenhaver nuts and raisins

stuk piece

suiker sugar

T

taartje cake

tafelwater mineral water

tarbot turbot

tartaar steak tartare

thee tea

thee met citroen lemon tea

thee met suiker en melk tea with sugar and milk

theezakje teabag

tijm thyme

Tjap tjoy chop suey

toeristenmenu tourist menu

toeslag supplementary charge

tomaat tomato

tompoes flaky custard pastry with pink icing

tong tongue or sole

tongschar lemon sole

tonijn tuna

tonijnsalade tuna salad with potatoes and vegetables

toost toast

tosti croque monsieur

tournedos round fillet steak

trappistenbier heavy, usually strong beer

truffel truffle

tuinbonen broad beans

U

ui onion

uitsmijter slices of bread with ham, cheese or roast beef, topped with a fried egg

V

vanille vanilla

varkenshaas pork tenderloin

varkenskarbonade pork chop

varkensvlees pork

vegetarische vegetarian

venkel fennel

vermicellisoep consommé with noodles

vermouth vermouth

vers fresh

vet fat

vieux brandy

vijg fig

vis fish

vla custard

vlaai fruit tart

Vlaamse bloedworst black pudding with apples

Vlaamse karbonade beer-braised beef

Vlaamse kool cabbage with apples and gooseberry jelly

Vlaamse hazepeper jugged hare stew

vlees meat

vleeskroketten meat croquettes

vleeswaren cold meats

vol full-bodied

volkoren brood wholemeal bread

voorgerecht starter

vossebessen saus cranberry sauce

vrucht fruit

vruchtensalade fruit salad

vruchtesap fruit juice
  appelsap apple juice
  grapefruitsap grapefruit juice
  druivesap grape juice
  citroensap lemon juice
  sinaasappelsap orange juice
  tomatesap tomato juice

W

wafel wafer or waffle

walnoot walnut

warm hot

warme chocolade melk hot chocolate

waterkers watercress

watermeloen watermelon

waterzooi poached chicken with vegetables and creamy egg yolk

wegrestaurant roadside restaurant

wentelteefje French toast

whisky whisky
  met ijs on the rocks
  met water with water

wijnkaart winelist

wijting whiting

wild game

wild zwijn wild boar

wilde eend wild duck

wijn wine
  droge wijn dry wine
  mousserende wijn sparkling wine
  huis wijn house wine
  rode wijn red wine

rosé rosé

witte wijn white wine

vol full-bodied

zoete wijn sweet wine

wijting whiting

wit white

witlof endive

witlof op zijn Brussels baked endive with cheese and ham

witte meikaas creamy cheese

witte wijnsaus white-wine sauce

wodka vodka

worst sausage

wortel carrot

Y

yoghurt yoghurt

Z

zachtgekookt ei soft-boiled egg

zalm salmon

zebras rye bread layered with cream cheese

zeehaan mullet

zeekreft lobster

zeetong sole

zoet sweet

zout salt

zure haring
  marinated herring

zuurkool sauerkraut

zwarte bessen
  blackcurrants

zwarte kersen
  black cherries

zwarte koffie
  black coffee

zwezerik sweetbread

A

a (an) een

able: *to be able (to)* kunnen

abortion abortus, de

about *(roughly)* ongeveer
a book about... een boek over...
about ten o' clock ongeveer tien uur

above boven

abroad buitenland
to go abroad naar het buitenland gaan

abscess ettergezwel, het

accelerator gaspedaal, het

accent accent, het
(pronunciation) uitspraak, de

to accept accepteren
(approve of) goedkeuren

access toegang, de
wheelchair access toegang voor invaliden/toegankelijk voor rolstoelen

accident ongeluk, het

accident & emergency department EHBO ; GG & GD

accommodation accommodatie, de

to accompany vergezellen

account *(bill)* rekening, de
(in bank) rekening, de

account number rekeningnummer, het

accountant accountant, de

to ache pijn doen
my head aches mijn hoofd doet pijn
it aches het doet pijn

acid zuur, het

actor acteur, de

actress actrice, de

to adapt aanpassen

adaptor *(electrical)* adapter, de

adder adder, de

address adres, het
what is your address? wat is je adres?

address book adresboek, het

admission charge/fee toegangsgeld, het ; entree, de

adult volwassene, de
for adults voor volwassenen

advance: *in advance* vooruit

advertisement advertentie, de

to advise adviseren

A&E EHBO ; GG & GD

aerial antenne, de

aeroplane vliegtuig, het

A

aerosol spuitbus, de

afraid: *to be afraid of* bang zijn voor

after na
after lunch na de lunch

afternoon middag, de
this afternoon vanmiddag
in the afternoon 's middags
tomorrow afternoon morgenmiddag

aftershave aftershave, de

again weer

against prep tegen

age leeftijd, de
old age oudere leeftijd

agency agentschap, het

ago: *2 days ago* twee dagen geleden

to agree overeenkomen

agreement overeenkomst, de

AIDS AIDS

air bag luchtkussen, het

air bed luchtbed, het

air conditioning air conditioning, de
is there air conditioning? is er air conditioning?

air freshener luchtverfrisser, de

airline luchtvaartmaatschappij, de

airmail luchtpost, de

airplane vliegtuig, het

airport vliegveld, het

airport bus vliegveldbus, de

air ticket tickets, de

aisle *(plane, theatre, etc)* gangpad, het

alarm alarm, het

alarm clock wekker, de

alcohol alcohol, de

alcohol-free alcoholvrij

alcoholic alcoholische

all alle

allergic allergisch
I'm allergic to ik ben allergisch voor

allergy allergie, de

alley steeg, de

to allow toestaan
to be allowed worden toegestaan

all right OK
are you all right? ben je OK?

almond amandel, de

almost bijna

alone alleen

alphabet alphabet, het

already al

also ook

altar altaar, het

aluminium foil aluminiumfolie, de

always altijd

A

a.m. voor de middag

amber *(light)* geel (oranje)

ambulance ambulance, de

America Amerika

American Amerikaans

amount: *total amount*
totale hoeveelheid, de

anaesthetic verdoving, de
general anaesthetic
algehele verdoving
local anaesthetic lokale
verdoving

anchor anker, het

anchovy ansjovis, de

ancient zeer oud

and en

angel engel, de

angina angina, de

angry boos

animal dier, het

aniseed anijs

ankle enkel, de

anniversary gedenkdag, de

to announce aankondigen

announcement
aankondiging, de

annual jaarlijks

another nog een
another beer? nog een
bier?

answer antwoord, het

to answer antwoorden

answerphone
antwoordapparaat, het

ant mier, de

antacid maagzuur
neutraliserend

antibiotic antibioticum, het

antifreeze antivries, het

antihistamine
antihistaminicum

anti-inflammatory
kalmerend

antiques antiek

antique shop antiekwinkel,
de

antiseptic ontsmettend
middel, de

any *(some)* enige
(negative) geen
I haven't any money
ik heb geen geld
have you any apples?
heb je appels?

anyone *(in questions)*
iemand

anything *(in questions)* iets

anywhere ergens
(negative) nergens

apartment appartement,
het

aperitif aperitief, het

appendicitis
blindedarmontsteking, de

apple appel, de

application form
aanvraagformulier, het

ENGLISH–DUTCH

117

appointment (meeting) afspraak, de
(doctor) doktersafspraak, de
(hairdresser) kappersafspraak, de
I have an appointment ik heb een afspraak
approximately ongeveer
apricot abrikoos, de
April april
architect architect, de
architecture architectuur, de
arm arm, de
armbands (to swim) zwembanden, de
armchair leunstoel, de
aromatherapy reuktherapie, de
to arrange arrangeren
to arrest arresteren
arrival aankomst, de
to arrive aankomen
art kunst
art gallery galerie, de
arthritis reumathiek, de
artichoke artisjok, de
artificial kunstmatig
artist kunstenaar, de
ashtray asbak, de
to ask (question) vragen
(to ask for something) iets vragen

asparagus asperge, de
asleep: he is asleep hij slaapt
she is asleep zij slaapt
aspirin aspirine, de
soluble aspirin oplosbare aspirine
asthma astma, de
I have asthma ik heb astma
at in ; bij ; om
at home thuis
at 8 o'clock om acht uur
at once direct
at night 's nachts
Atlantic Ocean Atlantische Oceaan, de
to attack aanvallen
attractive (person) aantrekkelijk
aubergine aubergine, de
auction veiling, de
audience publiek, het
August augustus
aunt tante, de
au pair au pair, de
Australia Australië
Australian Australisch
author auteur, de
automatic automatisch
automatic car auto zonder versnellingen
autumn herfst, de ; najaar, het

available beschikbaar

avalanche lawine, de

avenue laan, de

average gemiddelde, het
(adj) gemiddeld(e)

avocado avocado, de

to avoid ontwijken

awake: to be awake
wakker worden

awful verschrikkelijk

axle as, de

B

baby baby, de

baby food babyvoedsel,
het

baby milk babymelk, de

baby's bottle fles, de

baby seat *(in car)*
kinderzitje, het

baby-sitter oppasser, de

baby-sitting service
oppasdienst, de

baby wipes slabbertje, het

bachelor vrijgezel, de

back *(of body)* rug, de

backache rugpijn, de

backpack rugzak, de

back seat achterbank, de

bacon bacon, de ; spek, het

bad *(weather, news)* slecht
(fruit, vegetables) bedorven

badminton badminton, het

bag tas, de
(handbag) handtas, de
(case) koffer, de

baggage bagage, de

baggage allowance
bagage limiet, de

baggage reclaim bagage
afhaalruimte, de

bait *(for fishing)* aas, het

baked gebakken

baker's bakker, de

balcony balkon, het

bald *(person)* kaal
(tyre) versleten

ball bal, het

ballet ballet, het

balloon ballon, de

banana banaan, de

band *(music)* band, de

bandage verband, het

bank bank, de
(river) oever, de

bank account
bankrekening, de

banknote bankbiljet, het

bankrupt bankroet

bar bar, de ; café, het

bar of chocolate
chocoladereep, de

B

barbecue barbecue, de
 to have a barbecue een
 barbecue houden
barber barbier, de ;
 kapper, de
to bark blaffen
barn schuur, de
barrel vat, het
basement kelder, de
basil basilicum
basket mand, de
basketball basketbal, het
basketwork mandewerk,
 het
bat *(animal)* vleermuis, de
 (for table tennis) bat, het
bath bad, het
 to have a bath een bad
 nemen
bathing cap badmuts, de
bathroom badkamer, de
 with bathroom met
 badkamer
battery *(for car)* accu, de
 (for torch, radio, etc)
 batterij, de
bay baai, de
bayleaf laurierblad, het
B&B pension, het
to be zijn
beach strand, het
 private beach privéstrand,
 het

sandy beach zandstrand,
 het
 nudist beach naaktstrand,
 het
beach hut strandhut, de
bean boon, de
 broad bean tuinboon, de
 French/green bean
 sperzieboon, de
 kidney bean witte boon,
 de
 soya bean sojaboon, de
bear *(animal)* beer, de
beard baard, de
beautiful mooi
beauty salon
 schoonheidssalon, de
because omdat
to become worden
bed bed, het
 double bed
 tweepersoonsbed, het
 single bed
 eenpersoonsbed, het
 sofa bed sofabed, het
 twin beds lits jumeaux,
 de
bedclothes beddegoed,
 het
bedroom slaapkamer, de
bee bij, de
beef rundvlees, het
beer bier, het
beetroot rode bietjes, de

before voor
  before breakfast voor het
  ontbijt
  before lunch voor de
  lunch

beggar bedelaar, de

to begin beginnen

beginning begin, het

behind achter
  behind the bank achter
  de bank

beige beige

to believe geloven

bell (door) (deur)bel, de
  (church) klok, de

to belong to toebehoren
  aan

below onder
  (less than) minder dan

belt riem, de

bend (in road) bocht, de

berth (in ship) kooi, de

beside (next to) naast
  beside the bank naast de
  bank

best: *the best* de beste

to bet on wedden op

better (than) beter (dan)

between tussen

bib slabbertje, het

bicycle fiets, de
  by bicycle met de fiets

bicycle lock fietsslot, het

bicycle repair kit
  fietsreparatie materiaal,
  het

bidet bidet, het

big groot

bigger (than) groter dan

bike (motorbike) motorfiets,
  de
  a pushbike fiets, een
  mountain bike
  (al)terreinfiets, de

bikini bikini, de

bill (for payment) rekening,
  de

bin vuilnisemmer, de

bin liner vuilnisemmerzak,
  de

binoculars verrekijker, de

bird vogel, de

biro balpoint, de

birth geboorte, de

birth certificate
  geboortebewijs, het

birthday verjaardag, de
  happy birthday hartelijk
  gefeliciteerd
  my birthday is on... mijn
  verjaardag is op...

birthday card
  verjaardagskaart, de

birthday present
  verjaardagscadeau, het

biscuits koekjes, de

B

bit: *a bit* een beetje
bite *(snack)* snack, de
(of animal, insect) beet, de
let's have a bite to eat
laten we wat eten
to bite *(animal, insect)* bijten
bitten *(by animal, insect)*
gebeten
bitter bitter
black zwart
blackberry braam, de
blackcurrant zwarte bes, de
black ice ijs, het
blank leeg
blanket deken, de
bleach bleekmiddel, het
to bleed bloeden
blender *(for food)* mixer, de
blind *(person)* blind
blind *(for window)* scherm,
het
blister blaar, de
block of flats huizenblok,
het
blocked *(pipe, sink, road)*
geblokkeerd
blond *(person)* blond
blood bloed, het
blood group bloedgroep,
de
blood pressure bloeddruk,
de

blood test bloedtest, de
blouse blouse, de
to blow-dry föhnen
blue blauw
dark blue donkerblauw
light blue lichtblauw
blunt *(knife, etc)* bot
boar beer, de ; wilde zwijn,
het
boarding card instapkaart,
de
boarding house pension,
het
boat boot, de
boat trip bootreisje, het
body lichaam, het
to boil koken
boiler geiser, de
boiled gekookt
bomb bom, de
bone bot, het
fish bone graat, de
bonfire vreugdevuur, het
bonnet *(of car)* motorkap,
de
book boek, het
book of tickets kaartjes
to book reserveren
booking reservering, de
booking office *(sign)*
reserveringen
bookshop boekhandel, de
boot *(of car)* kofferbak, de

boots laarzen, de

border grens, de

boring vervelend

boss baas, de
(employer) werkgever, de

both allebei

bottle fles, de
a bottle of wine een fles wijn
a half bottle een halve fles

bottle opener flesopener, de

bowl *(for washing)* tobbe, de
(for food) schaal, de

bow tie vlinderdasje, het

box doos, de

box office reserveringen ; kassa, de

boy jongen, de

boyfriend vriend, de

bra beha, de

bracelet armband, de

brain hersenen, de

to brake remmen

brake fluid remvloeistof, de

brake light remlichten, de

brake pads remblokken, de

brakes remmen, de

branch *(of tree)* tak, de
a branch *(of business, etc)* een branch

brand *(make)* merk, het

brandy cognac, de

brass koper

bread brood, het
French bread stokbrood, het
sliced bread gesneden brood, het
wholemeal bread volkorenbrood, het

breadcrumbs paneermeel

bread roll broodje, het

to break breken

breakable breekbaar

breakdown *(car)* autopech, de
(nervous) zenuwinstorting, de

breakdown service reparatiedienst, de

breakdown van reparatiewagen, de

breakfast ontbijt, het

breast borst, de

to breastfeed de borst geven

to breathe ademhalen

brick baksteen, de

bride bruid, de

bridegroom bruidegom, de

bridge brug, de
(game) bridge, het

briefcase aktentas, de

bright licht

B

Brillo pad™ Brillo pad
brine pekel, de
to bring brengen
Britain Groot Brittannië
British Brits
broad breed
broccoli broccolli, de
brochure brochure, de
broken gebroken
broken down *(car, etc)* kapot
bronchitis bronchitis, de
bronze brons
brooch broche, de
broom bezem, de
brother broer, de
brother-in-law zwager, de
brown bruin
bruise blauwe plek, de
brush borstel, de
Brussels sprouts spruiten, de
bubble bath schuimbad, het
bucket emmer, de
buffet car buffetwagen, de
to build bouwen
building gebouw, het
building site bouwterrein, het
bulb *(light)* gloeilamp, de
(flower) bloembol, de

bull stier, de
bumbag heuptasje, het
bumper *(on car)* bumper, de
bunch *(of flowers)* boeket, het
(of grapes) tros, de
bungee jumping bungeejumping, het
bureau de change wisselkantoor, het
burger hamburger, de
burglar inbreker, de
burglar alarm inbrekeralarm, het
burglary inbraak, de
to burn branden
burnt *(food)* verbrand
burst barsten
bus bus, de
bus pass buskaart, de
bus station busstation, het
bus stop bushalte, de
bus ticket buskaartje, het
bus tour bustour, de
business zaken
on business voor zaken
business card visitekaartje, het
business class business class
businessman zakenman, de
business woman zakenvrouw, de

business trip zakenreis, de
busy druk
but maar
butcher's slager, de
butter boter, de
button knoop, de
to buy kopen
by door ; met
  (near) bij
  (next to) naast
  by bus met de bus
  by car met de auto
  by ship met de boot
  by train met de trein
bypass *(road)* rondweg, de

C

cab *(taxi)* taxi, de
cabaret cabaret, het
cabbage kool, de
cabin *(on boat)* cabine, de
cabin crew bemanning, de
cable car kabelwagen, de
cable TV kabeltelevisie, de
café café, het
  internet café internet
  café, het
cafetière cafetière, de
cake taart, de
cake shop banketbakker,
  de

calamine lotion
  zonnebrandlotion, de
calculator rekenmachine,
  de
calendar calender, de
calf kalf, het
to call roepen
  (to phone) bellen
call *(telephone)* gesprek, het
  a long-distance call
  interlokaal gesprek, het
calm kalm
camcorder camcorder, de
camera camera, de
camera case cameratas, de
to camp kamperen
camping gas kampeergas,
  het
camping stove
  kampeergastoestel, het
campsite camping, de
can *(to be able)* kunnen
  I can ik kan
  we can we kunnen
  I cannot ik kan niet
  we cannot we kunnen niet
  can I...? kan ik...?
  can we...? kunnen we?
can blikje, het
canned goods ingeblikte
  goederen, de
can opener blikopener, de
Canada Canada
Canadian Canadees

C

canal kanaal, het
to cancel annuleren
cancellation annulering, de
cancer kanker, de
candle kaars, de
canoe kano, de
to go canoeing gaan
kanoën
cap (hat) pet, de
capital (city) hoofdstad, de
cappuccino cappucino, de
car auto, de
car alarm autoalarm, het
car ferry autoveer, het
car hire autoverhuur, de
car insurance
autoverzekering, de
car keys autosleutels, de
car park parkeerplaats, de
car parts auto-onderdelen,
de
car radio autoradio, de
car seat autozitje, het
car wash autowasserette,
de
carafe karaf, de
caravan caravan, de
carburettor carburateur, de
card (business) kaartje, het
(greetings) kaart, de
(playing) kaart, de
cardboard karton, het

cardigan vest, het
careful voorzichtig
to be careful voorzichtig
zijn
be careful! wees
voorzichtig!
carnation anjer, de
carpet tapijt, het
carriage wagen, de
carrot wortel, de
to carry dragen
carton karton, het
case (suitcase) koffer, de
cash contant
to cash (cheque) inwisselen
cash desk kassa, de
cash dispenser
geldautomaat, de
cashier kassier, de
cash machine
betaalautomaat, de
cashpoint geldautomaat, de
casino casino, het
casserole (dish)
braadschotel, de
(meal) stoofschotel, de
cassette cassette, de
cassette player
cassettespeler, de
castle kasteel, het
casualty department
ongevallenafdeling, de
cat kat, de
cat food kattevoer, het

catacombs catacomben, de

catalogue catalogus, de

to catch *(bus, train, etc)* nemen

cathedral kathedraal, de

Catholic katholiek

cauliflower bloemkool, de

cave grot, de

cavity *(in tooth)* gat, het

CD CD, de

CD player CD speler, de

ceiling plafond, het

celery selderij, de

cellar kelder, de

cellphone mobiele telefoon, de ; GSM , de

cemetery begraafplaats, de

centimetre centimeter, de

central centraal

central heating centrale verwarming, de

central locking centraal slotsysteem, het

cent cent, de

centre centrum, het

century eeuw, de
19th century negentiende eeuw, de
21st century eenentwintigste eeuw, de

ceramics keramiek, de

cereal *(for breakfast)* graan ; cornflakes, de

certain zeker

certificate certificaat, het

chain ketting, de

chair stoel, de

chairlift stoellift, de

chalet chalet, het

challenge uitdaging, de

chambermaid kamermeisje, het

Champagne champagne, de

change *(loose coins)* kleingeld, het
(money returned) wisselgeld, het

to change veranderen
to change money wisselen
to change clothes verkleden
to change train, etc overstappen

changing room kleedkamer, de

Channel: the English Channel Kanaal, het

chapel kapel, de

charcoal houtskool, het

to charge rekenen
cover charge couvert kosten, de
please charge it to my account schrijf het op mijn rekening, alsjeblieft

charger (for battery) laadapparaat, het

charter flight chartervlucht, de

cheap goedkoop

cheaper goedkoper

to check controleren

to check in (at airport) inchecken (at hotel) inschrijven

check-in desk afhandelingsbalie, de

cheek wang, de

cheerful blij

cheers proost

cheese kaas, de

cheeseburger kaasburger, de

chef chef, de

chemist's drogist, de ; apotheek, de

cheque cheque, de

chequebook chequeboek, het

cheque card betaalpas, de

cherry kers, de

chess schaken, het

chest (of body) borst, de

chestnut kastanje, de

chewing gum kauwgom, de

chicken kip, de

chicken breast kippenborst, de

chickenpox waterpokken, de

child kind, het

child safety seat (car) kinderzitje, het

children kinderen, de

chilli Spaanse peper, de

chimney schoorsteen, de

chin kin, de

china aardewerk, het

chips patat (frites), de

chocolate chocolade, de

chocolates chocolaatjes, de

choice keuze, de

choir koor, het

to choose kiezen

chop (meat) karbonade, de

chopping board snijplank, de

christening doop, de

Christian name geboortenaam, de

Christmas Kerstmis *merry Christmas!* Vrolijk Kerstfeest!

Christmas card Kerstkaart, de

Christmas Eve vooravond van Kerstmis, de

Christmas present kerstcadeau, het

church kerk, de

cider appelwijn, de

cigar sigaar, de

cigarette sigaret, de

cigarette lighter aansteker, de

cigarette papers vloeitjes, de

cinema bioscoop, de

circle *(theatre)* balcon, het

circuit breaker stroomonderbreker, de

circus circus, het

cistern stortbak, de

citizen burger, de

city stad, de

city centre centrum, het

claim claim, de

to clap klappen

class: *first class* eerste klas *second class* tweede klas

clean schoon

to clean schoonmaken

cleaner *(person)* schoonmaker, de *(product)* schoonmaakmiddel, het

cleanser reinigingsmiddel, het

clear duidelijk

client klant, de

cliff steile rots, de

to climb klimmen

climbing boots klimschoenen, de

clingfilm™ cling film, de

clinic kliniek, de

cloakroom garderobe, de

clock klok, de

to close sluiten

closed gesloten

cloth *(fabric)* stof, de *(rag)* doek, de

clothes kleren, de

clothes line waslijn, de

clothes peg knijper, de

clothes shop kledingwinkel, de

cloudy bewolkt

clove *(spice)* kruidnagel, de

club club, de

clutch greep, de

coach bus, de

coach station busstation, het

coach trip busreis, de

coal kolen, de

coast kust, de

coastguard kustwacht, de

coat jas, de

coat hanger klerenhanger, de

Coca Cola™ Coca Cola

cockroach kakkerlak, de

cocktail cocktail, de

cocoa cacao, de

coconut kokosnoot, de

cod kabeljauw, de

code code, de

coffee koffie, de
white coffee koffie met melk, de
large white coffee grote koffie met melk, de
small black coffee kleine zwarte koffie, de
decaffeinated coffee cafeïnevrije koffie, de

coil *(contraceptive)* spiraaltje, het

coin munt, de

Coke™ Coke

colander vergiet, het

cold koud
I'm cold ik heb het koud
it's cold het is koud
cold water koud water, het

cold *(illness)* verkoudheid, de
I have a cold ik ben verkouden

cold sore koortsuitslag, de

collar *(of dress)* kraag, de
(of shirt) bord, het

collarbone sleutelbeen, het

colleague collega, de

to collect ophalen
(to collect someone) iemand ophalen

collection collectie, de

colour kleur, de

colour-blind kleurenblind

colour film *(for camera)* kleurenfilm, de

comb kam, de

to come komen
(arrive) aankomen

to come back terugkomen

to come in binnenkomen
come in! kom binnen!

comedy komedie, de

comfortable comfortabel

company *(firm)* bedrijf, het

compartment compartiment, het

compass kompas, het

to complain klagen

complaint klacht, de

complete compleet

to complete compleet maken

composer componist, de

compulsory verplicht

computer computer, de

computer disk *(floppy)* schijf, de

computer game
computerspel, het

computer program
computerprogramma, het

computer software
computer software, de

concert concert, het

concert hall
concertgebouw, het

concession korting, de

concussion
hersenschudding, de

condensed milk
gecondenseerde melk, de

condition *(requirement)*
voorwaarde, de
(state) conditie, de

conditioner crèmespoeling,
de

condom condoom, het

conductor *(of orchestra)*
dirigent, de

cone kegel, de
(ice cream) hoorntje, het

conference conferentie, de

confession biecht, de

to confirm bevestigen
please confirm bevestig
alsjeblieft

confirmation *(of booking)*
bevestiging, de

confused verward

congratulations!
gefeliciteerd!

connection *(flight, etc)*
verbinding, de

constipated geconstipeerd

constipation constipatie

consulate consulaat, het

to consult consulteren

to contact contact
opnemen met

contact lens cleaner
contactlens
schoonmaakmiddel, het

contact lenses
contactlenzen, de

to continue doorgaan

contraception anti-
conceptie
*emergency
contraception*
noodvoorbehoedsmiddel,
het

contraceptive
voorbehoedsmiddel, het

contract contract, het

convenient: *is it
conveniently situated?*
is het gunstig gelegen?

convulsions
stuiptrekkingen, de

to cook koken

cooked gekookt

cooker kooktoestel, het

C

cookies koekjes, de
cool koel
cool box koeler, de
copper koper
copy kopie, de
to copy kopiëren
coriander koriander
cork *(in bottle)* kurk, de
corkscrew kurkentrekker, de
corner hoek, de
corridor gang, de
cortisone cortisone
cost kosten, de
to cost kosten
how much does it cost?
hoeveel kost het?
costume kostuum, het
(swimming – men)
zwembroek, de
(swimming – women)
zwempak, het
cot ledikant, het
cottage huisje, het
cotton katoen, het
cotton buds
wattenstaafjes, de
cotton wool watten, de
couchette slaapcoupé, de
to cough hoesten
cough hoest, de
cough mixture
hoestdrankje, het

cough sweets
hoestsnoepjes, de
counter *(shop, bar etc)*
toonbank, de
country land, het
countryside platteland, het
couple *(two people)* paar,
het
a couple of... een paar...
(a few) enkele
courgettes courgettes, de
courier *(tour guide)* gids, de
courier service
gidsendienst, de
course *(of meal)* gang, de
(of study) cursus, de
cousin neef, de
cover charge
couvertaanslag, de
cow koe, de
crab kreeft, de
crafts ambachten, de
craftsman vakman, de
craftswoman vakvrouw, de
cramps krampen, de
crash *(car)* aanrijding, de
to crash verongelukken
crash helmet valhelm, de
cream *(for face, etc)* crème,
de
(on milk) room, de
soured cream zure room,
de

whipped cream slagroom, de
creche crèche, de
credit card credit card, de
crime misdaad, de
crisps chips, de
crop oogst, de
croissant croissant, de
to cross (road) oversteken
cross kruis, het
cross-country skiing langlaufen
crossing (sea) oversteek, de
crossroads kruispunt, het
crossword puzzle kruiswoordraadsel, het
crowd menigte, de
crowded druk
crown kroon, de
cruise cruise, se
crutches krukken, de
to cry (weep) huilen
crystal kristal
cucumber komkommer, de
cufflinks manchetknopen, de
cul-de-sac doodlopende weg, de
cumin komijn
cup kop, de
cupboard kast, de

curlers krulspelden, de
currant krent, de
currency valuta, de
current huidige
curtain gordijn, het
cushion kussen, het
custard vla, de
custom (tradition) traditie, de
customer klant, de
customs (at airport etc) douane, de
customs declaration douaneverklaring, de
customs officer douanebeambte, de
to cut snijden
we've been cut off we zijn afgesneden
cut snee, de
cut and blow-dry knippen en drogen
cutlery bestek, het
to cycle fietsen
cycle track fietspad, het
cycling fietsen
cyst gezwel, het
cystitis blaasontsteking, de

D

daffodil narcis, de
daily dagelijks

D

dairy produce
zuivelprodukten, de

daisy *(small)* madeliefjr, het,
(large) margriet, de

dam dam, de

damage schade, de

damp vochtig

dance dans, de

to dance dansen

danger gevaar, het

dangerous gevaarlijk

dark donker
(adj) donker(e)
after dark na
zonsondergang

date datum, de

date of birth geboortedatum, de

daughter dochter, de

daughter-in-law
schoondochter, de

dawn dageraad, de

day dag, de
every day iedere dag
per day per dag

dead dood

deaf doof

dear *(on letter)* beste
(expensive) duur

debt schuld, de

decaff cafeïnevrij(e)
have you decaff? heeft
u cafeïnevrij

decaffeinated coffee
cafeïnevrije koffie, de

December december

deckchair dekstoel, de

to declare: *nothing to
declare* niets aan te geven

deep diep

deep freeze diepvries, de

deer hert, het

to defrost ontdooien

to de-ice ontdooien

delay vertraging, de
how long is the delay?
hoeveel vertraging is er?

delayed vertraagd

delicatessen
delicatessenwinkel, de

delicious heerlijk

demonstration *(political)*
demonstratie, de

dental floss tandzijde, de

dentist tandarts, de

dentures gebit, het

deodorant deodorant, de

to depart vertrekken

department afdeling, de

department store
warenhuis, het

departure vertrek, het

departure lounge
vertrekhal, de

deposit waarborgsom, de

to describe beschrijven

description beschrijving, de

desk bureau, het
(in hotel) receptie, de

dessert dessert, het

details details, de

detergent wasmiddel, het

detour omleiding, de

to develop ontwikkelen

diabetes diabetes, suikerziekte

diabetic *(person)* diabeticus, de ; lijder aan suikerziekte, de *(food)* voor diabetici
I'm diabetic ik heb diabetes ; ik heb suikerziekte

to dial draaien

dialect dialect, het

dialling code netnummer, het

dialling tone kiestoon, de

diamond diamant, de

diaper luier, de

diaphragm *(in body)* diafragma *(contraceptive)* pessarium

diarrhoea diarree, de

diary dagboek, het ; agenda, de

dice dobbelsteen, de

dictionary woordenboek, het **D**

to die sterven

diesel diesel

diet dieet, het
I'm on a diet ik ben op dieet
special diet speciaal dieet

different anders

difficult moeilijk

to dilute verdunnen

dinghy kleine boot, de

dining room eetkamer, de

dinner diner, het
to have dinner dineren

dinner jacket smoking, de

diplomat diplomaat, de

direct direct

directions *(instructions)* aanwijzingen, de
to ask for directions de weg vragen

directory *(phone)* telefoonboek, het

directory enquiries inlichtingen, de

dirty vuil

disability handicap, de

disabled gehandicapt ; invalide
disabled person invalide, de

to disagree verschillen ; het oneens zijn

D

to disappear verdwijnen
disappointed teleurgesteld
disaster ramp, de
disco disco, de
discount korting, de
to discover ontdekken
disease ziekte, de
dish bord, het
dishtowel vaatdoek, de
dishwasher
  vaatwasmachine, de
dishwasher powder
  vaatwasmachinepoeder, het
disinfectant desinfecterend
  middel, het
disk (computer) schijf, de
  floppy disk diskette, de
  hard disk harde schijf, de
to dislocate (joint)
  ontwrichten
disposable wegwerp- ;
  vervangbaar
distance afstand, de
distant ver
distilled water gedis-
  telleerd water, het
district district, het
to disturb verstoren
to dive duiken
diversion afleiding, de
  (road) omleiding, de
diving duiken

divorced gescheiden
  I'm divorced ik ben
  gescheiden
DIY shop doe-het-zelf
  winkel, de
dizzy duizelig
to do doen
doctor dokter, de
documents documenten,
  de
dog (male) hond, de
  (female) teef, de
dog food hondenvoedsel,
  het
dog lead hondenriem, de
doll pop, de
dollar dollar, de
domestic (servant)
  bediende de
domestic flight
  binnenlandse vlucht, de
dominoes dominos, de
donor card donorkaart, de
donkey ezel, de
door deur, de
doorbell deurbel, de
double dubbel
double bed
  tweepersoonsbed, het
double room
  tweepersoonskamer, de
doughnut donut, de

down: *to go down* naar beneden gaan

downstairs beneden

dragonfly libel, de

drain *(sewer)* afvoer, de

draught *(of air)* tocht, de
there's a draught het tocht

draught lager tapbier, het

drawer lade, de

drawing *(sketch)* tekening, de
(money) binnengekomen geld, het

dress jurk, de

to dress *(oneself)* aankleden

dressing *(for food)* slasaus, de
(for wound) verband, het

dressing gown ochtendjas, de

drill *(tool)* boor, de

drink drank, de

to drink drinken

drinking chocolate chocolade(melk), de

drinking water drinkwater, het

to drive rijden

driver chauffeur, de

driving licence rijbewijs, het

drizzle motregen, de

drought droogte, de

to drown verdrinken

drug *(medicine)* medicijn, het
(narcotic) drug, de

drunk dronken

dry droog

to dry drogen

dry-cleaner's chemisch reinigen, de ; stomerij, de

dryer droger, de

duck eend, de

due: when is it due? wanneer wordt het verwacht?

dummy *(for baby)* speen, de

during gedurende

dust stof, het

to dust afstoffen

duster stofdoek, de

dustpan and brush stoffer en blik, het

Dutch Nederlands

Dutchman/women Nederlander/ Nederlandse

duty *(tax)* belasting, de ; accijns, de

duty-free belastingvrij

duvet dekbed, het

duvet cover dekbedhoes, de

D

dye verf, de ; kleur, de
dynamo dynamo, de

E

each elk(e) ; ieder(e)
eagle adelaar, de
ear oor, het
earache oorpijn, de
  I have earache ik heb
  oorpijn
earlier vroeger
early vroeg
earphones koptelefoon, de
earplugs oordoppen, de
earrings oorbellen, de
earth *(planet)* aarde, de
earthquake aardbeving, de
east oost
Easter Pasen
  Happy Easter! Vrolijk
  Pasen!
easy gemakkelijk
to eat eten
echo echo, de
economy economie, de
edge rand, de
eel paling, de ; aal, de
effective effectief
egg ei, het
  fried egg gebakken ei,
  het

hard-boiled egg hard
  gekookt ei, het
scrambled eggs
  roereieren, de
soft-boiled egg zacht
  gekookt ei, het
egg white eiwit, het
egg yolk eidooier, de
either... or... of... of...
elastic band elastiekje, het
elbow elleboog, de
electric elektrisch
electric blanket elektrische
  deken, de
electrician elektriciën, de
electricity elektriciteit, de
electricity meter
  elektriciteitsmeter, de
electric razor
  scheerapparaat, het
electric shock elektrische
  schok, de
elevator lift, de
elegant elegant
e-mail e-mail, de
  to e-mail someone
  iemand een e-mail sturen
e-mail address e-mail
  adres, het
embarrassing beschamend
embassy ambassade, de
emergency noodgeval, het

emergency exit nooduitgang, de

emery board nagelvijl, de

empty leeg

end einde, het

engaged verloofd
(phone, toilet, etc) bezet

engine motor, de

engineer ingenieur, de ;
technicus, de

England Engeland

English Engels

Englishman Engelsman

Englishwoman Engelse

to enjoy oneself genieten
I enjoy swimming ik hou
van zwemmen
I enjoy dancing ik hou van
dansen
enjoy yourself! geniet er
maar van!
enjoy your meal!
smakelijk eten!

to enlarge vergroten

enormous enorm

enough genoeg
that's enough dat is
genoeg

enquiries inlichtingen, de

to enter binnenkomen

entertainment vermaak, het

enthusiastic enthousiast

entrance ingang, de

entrance fee toegangsgeld,
het

envelope envelop, de

epileptic epilepticus, de

epileptic fit toeval, de

equipment uitrusting, de

eraser gum, het

error fout, de

eruption uitbarsting, de

escalator roltrap, de

to escape ontsnappen

escape ladder brandtrap, de

espadrilles espadrilles, de

espresso espresso, de

essential essentieel

estate agent makelaar in
onroerend goed, de

estate agent's makelaardij,
de

to establish vestigen
(fact) vaststellen

euro euro

Europe Europa

European Europees

European Union Europese
Unie, de

eve vooravond, de
Christmas Eve vooravond
van kerstmis
New Year's Eve
Oudejaarsavond

even *(number)* even

E

evening avond, de
in the evening 's avonds
this evening vanavond
tomorrow evening morgenavond

evening dress avondkledij

evening meal avondmaal, het

every ieder

everyone iedereen

everything alles

everywhere overal

examination examen, het

example: for example bijvoorbeeld

excellent uitstekend

except behalve

excess baggage/luggage overvracht, de

to exchange wisselen

exchange rate wisselkoers, de

exciting opwindend

excursion excursie, de

excuse excuus, het
excuse me! pardon!

exercise (physical) oefening, de

exhaust pipe uitlaat, de

exhibition tentoonstelling, de

exit uitgang, de

expenses onkosten, de

expensive duur

expert expert, de

to expire (ticket, etc) verlopen

expiry date vervaldatum, de

to explain uitleggen

explosion explosie, de

to export exporteren

express (train) direct ; snel

express: to send a letter express per snelpost versturen

extension (electrical) verlengsnoer, het

extra extra
an extra bed een extra bed

to extinguish uitmaken

eye oog, het

eyebrows wenkbrauwen, de

eyedrops oogdruppels, de

eyelashes wimpers, de

eyeshadow oogschaduw, de

F

fabric stof, de

face gezicht, het

face cloth washandje, het

facial gezichtsbehandeling, de

facilities faciliteiten, de

factory fabriek, de

to fail falen
(engine, brakes) begeven

to faint flauwvallen

fainted flauwgevallen

fair (hair) blond
(just) eerlijk

fair (funfair) kermis, de
(trade) markt, de ; beurs, de

fairway (golf) fairway, de

fake namaak

fall (autumn) herfst, de ;
najaar, het

to fall vallen
he has fallen hij is
gevallen
she has fallen zij is
gevallen

false teeth kunstgebit, het

family familie, de

famous beroemd

fan (hand-held) waaier, de
(electric) ventilator, de
(football, jazz) fan, de

fan belt ventilatorriem, de

fancy dress gekostumeerd
(bal)

far ver
is it far? is het ver?

how far is it to...? hoe ver
is het naar...?

fare (train, bus, etc) prijs, de

farm boerderij, de

farmer boer, de

farmhouse boerderij, de

fashionable modieus

fast vlug ; snel
too fast te vlug

to fasten (seatbelt)
vastmaken

fat vet, het
saturated fats verzadigde
vetten, de
unsaturated fats
onverzadigde vetten, de

father vader, de

father-in-law schoonvader,
de

fault (defect) fout, de
it's not my fault het is
niet mijn fout

favour gunst, de

favourite favoriet

fax fax
by fax per fax

to fax faxen

fax number faxnummer, het

feather veer, de

February februari

to feed voeden

to feel voelen
I feel sick ik voel me ziek

F

I don't feel well ik voel me niet goed

feet voeten, de

felt-tip pen viltstift, de

female vrouw, de

ferry veer, het

festival festival, het

to fetch *(to bring)* brengen *(to go and get)* halen

fever koorts, de

few enkele
a few enkele

fiancé(e) verloofde, de

field veld, het

fig vijg, de

fight gevecht, het

to fight vechten

file *(computer)* bestand, het *(nail)* vijl, de *(folder)* dossier, het

to fill vullen
fill it up! volmaken!
to fill in (form) invullen

fillet filet, de

filling *(in tooth)* vulling, de

filling station benzinestation, het

film *(at cinema)* film, de *(for camera)* film, de
colour film kleurenfilm, de
black and white film zwart-witfilm, de

filter filter, het

to find vinden

fine *(to be paid)* boete, de

fine fijn

finger vinger, de

to finish afmaken

finished afgemaakt

fire vuur, het

fire alarm brandalarm, het

fire brigade brandweer, de

fire engine brandweerwagen, de

fire escape brandtrap, de

fire extinguisher brandblusser, de

fireplace haard, de

fireworks vuurwerk, het

firm *(company)* firma, de

first eerste

first aid eerste hulp

first-aid kit eerste hulp materiaal, het

first class eerste klas

first-class beste (top)

first floor eerste verdieping, de

first name voornaam, de

fish vis, de

to fish vissen
to go fishing gaan vissen

fisherman visser, de

fishing permit visvergunning, de

fishing rod hengel, de

fishmonger's visboer, de

to fit: *it doesn't fit me* het past me niet

fit toeval
he had a fit hij had een toeval

to fix maken
can you fix it? kun je het maken?

fizzy bruisend ; prik

flag vlag, de

flame vlam, de

flash *(for camera)* flitslamp, de

flashlight flitslicht, het ; zaklamp, de

flask fles, de

flat *(apartment)* flat, de

flat plat
(battery) leeg
this drink is flat deze drank is zonder prik

flat tyre lekke band, de

flavour smaak, de
which flavour? welke smaak?

flaw fout, de

fleas vlooien, de

fleece *(top)* vacht, de ; voering, de

flesh vlees, het

flex snoer, het

flight vlucht, de

flippers zwemvliezen, de

flood vloed, de
flash flood opeens opkomende overstroming

floor vloer, de
(storey) verdieping, de
which floor? welke verdieping?
ground floor begane grond, de
first floor eerste verdieping, de
second floor tweede verdieping, de

floorcloth dweil, de

floppy disk diskette, de

florist's shop bloemist, de

flour bloem, de

flower bloem, de

flu griep, de

fly vlieg, de

to fly vliegen

fly sheet reclameblaadje, het

fog mist, de

foggy mistig

foil *(silver)* foelie, de

to follow volgen

food voedsel, het

F **food poisoning**
voedselvergiftiging, de

fool gek, de

foot voet, de
on foot lopend

football voetbal, het

football match
voetbalwedstrijd, de

football pitch voetbalveld,
het

football player voetballer,
de

footpath voetpad, het

for voor
for me voor mij
for you voor jou
for him voor hem
for her voor haar
for us voor ons
for them voor hen

forbidden verboden

forecast voorspelling, de
weather forecast
weersverwachting, de

forehead voorhoofd, het

foreign buitenlands

foreigner buitenlander, de

forest woud, het

forever altijd

to forget vergeten

to forgive vergeven

fork *(for eating)* vork, de
(in road) splitsing, de

form *(document)* formulier,
het

formal dress avondkleding

fortnight twee weken

fortress fort, het

forward(s) voorwaarts

foul *(in football)* overtreding,
de

fountain fontein, de

four-wheel drive
vierwielaandrijving

fox vos, de

fracture breuk, de

fragile breekbaar

fragrance geur, de

frame *(picture)* lijst, de

France Frankrijk

free *(not occupied)* onbezet
(costing nothing) gratis

freezer vrieskast, de

French Frans

French beans
sperziebonen, de

French fries patat (frites),
de

frequent frequent

fresh vers

fresh water zoetwater, het

Friday vrijdag

fridge koelkast, de

fried gebakken

friend vriend, de

friendly vriendelijk

frog kikker, de

from van ; uit
   from England uit
   Engeland
   from Scotland uit
   Schotland

front front, het
   in front of voor

front door voordeur, de

frost vorst, de

frozen bevroren

fruit fruit, het
   dried fruit gedroogde
   vruchten, de

fruit juice fruitsap, het

fruit salad fruitsalade, de

to fry bakken

frying pan braadpan, de

fuel *(petrol)* brandstof, de

fuel gauge benzinemeter,
de

fuel pump benzinepomp,
de

fuel tank benzinetank, de

full vol

full board vol pension

fumes *(of car)* uitlaatgassen,
de

fun plezier, het

funeral begrafenis, de

funfair kermis, de

funny grappig
   (strange) vreemd

fur bont

furnished gemeubileerd

furniture meubelen, de

fuse zekering, de

fuse box zekeringkast, de

futon futon, de

future toekomst, de

G

gallery *(large)* gallerie, de
   (small) gallerij, de

game spel, het
   (animal) wild

garage *(private)* garage, de
   (for repairs) garage, de
   (for petrol) benzinepomp,
de

garden tuin, de

gardener tuinder, de

garlic knoflook, de

to garnish garneren

gas gas, het

gas cooker gastoestel, het

gas cylinder gascylinder,
de

gastritis maagontsteking,
de

gate *(airport)* uitgang, de

gay *(person)* homoseksueel, de

gear versnelling, de
  first gear eerste versnelling, de
  second gear tweede versnelling, de
  third gear derde versnelling, de
  fourth gear vierde versnelling, de
  fifth gear vijfde versnelling, de
  neutral vrij
  reverse gear achteruit-versnelling, de

gearbox versnellingsbak, de

generous vrijgevig ; overvloedig

gents' *(toilet)* heren

genuine *(leather, antique etc)* echt

German Duits

German measles rode hond, de

Germany Duitsland

to get *(to obtain)* krijgen
  (to receive) ontvangen
  (to fetch) halen

to get in/on *(vehicle)* instappen

to get into ingaan

to get off uitgaan

gift cadeau, het

gift shop cadeauwinkel, de

ginger gember, de

girl meisje, het

girlfriend vriendin, de

to give geven

to give back teruggeven

glacier gletsjer, de

glass *(substance)* glas, het
  (to drink out of) glas, het
  a glass of water een glas water

glasses bril, de

glasses case brillekoker, de

gloss glans, de

gloves handschoenen, de

glue lijm, de

to go gaan
  I'm going to... ik ga naar...
  we're going to... we gaan naar...

to go back teruggaan

to go down neergaan

to go in ingaan

to go out uitgaan

goat geit, de

God God

godchild petekind, het

goggles *(for swimming)* duikbril, de

gold goud, het

golf golf, het

golf ball golfbal, de

golf clubs golfclub, de

golf course golfbaan, de

good goed
very good zeer goed

good afternoon
goedemiddag

goodbye dag ; tot ziens

good evening
goedenavond

good morning
goedemorgen

good night goedenacht ;
welterusten

goose gans, de

gooseberry kruisbes, de

Gothic Gotisch

graduate afgestudeerde,
de

gram gram, het

grandchild kleinkind, het

granddaughter
kleindochter, de

grandfather grootvader,
de
great grandfather
overgrootvader, de

grandmother grootmoeder,
de
great grandmother
overgrootmoeder, de

grandparents grootouders,
de

grandson kleinzoon, de

grapefruit grapefruit, de

grapefruit juice
grapefruitsap, het

grapes druiven, de
green grapes witte
druiven, de
black grapes rode druiven,
de

grass gras, het

grated geraspt

grater *(for cheese, etc)*
rasp, de

greasy vet

great *(big)* groot
(wonderful) fantastisch

Great Britain Groot
Brittannië

green groen

greengrocer's
groentewinkel, de

greetings card kaart, de

grey grijs

grill grill, de

to grill grillen

grilled gegrild

grocer's kruidenier, de

ground *(earth)* grond, de
(floor) vloer, de

ground floor begane
grond, de

on the ground floor op de begane grond

groundsheet grondzeil, het

group groep, de

to grow groeien

guarantee garantie, de

guard bewaker, de

guest gast, de

guesthouse pension, het

guide gids, de

to guide leiden

guidebook handleiding, de

guided tour rondleiding, de

guitar gitaar, de

gun (hand) pistool, het

gym gymlokaal, het

gym shoes gymschoenen, de

H

haberdasher's fourniturenwinkel, de

haddock schelvis, de

haemorrhoids aambeien, de

hail hagel, de

hair haar, het

hairbrush haarborstel, de

haircut haar knippen, het

hairdresser kapper, de

hairdryer haardroger, de

hair dye haarkleurmiddel, het

hair gel haargel, de

hairgrip haarspeld, de

hair mousse haarmousse, de

hairspray haarlak, de

hake heek, de

half half

   a half bottle of een halve fles

   half an hour een half uur

half board half pension

half fare/price half geld

ham ham, de

hamburger hamburger, de

hammer hamer, de

hand hand, de

handbag handtas, de

handicapped (person) gehandicapt ; invalide

handkerchief zakdoek, de

handle (of cup) oortje, het (of door) deurknop, de

handlebars stuur, het

hand luggage handbagage, de

hand-made handgemaakt

handsome mooi

to hang up *(phone)* ophangen

hanger kleerhanger, de

hang gliding deltavliegen, het

hangover kater, de

to happen gebeuren
what happened? wat is er gebeurd?

happy gelukkig
happy birthday! gefeliciteerd met je verjaardag!

harbour haven, de

hard hard
(difficult) moeilijk

hard disk harde schijf, de

hardware shop ijzerwinkel, de

hare haas, de

harm kwaad

harvest oogst, de

hat hoed, de

to have hebben
I have... ik heb...
I don't have... ik heb niet/geen...
we have... we hebben...
we don't have... we hebben niet/geen...
do you have...? heb je...?

to have to moeten

hay fever hooikoorts, de

hazelnut hazelnoot, de

he hij

head *(person, horse)* hoofd, het
(animal) kop, het

headache hoofdpijn, de
I have a headache ik heb hoofdpijn

headlights koplampen, de

headphones koptelefoon, de

head waiter eerste kelner, de

health gezondheid, de

health food shop reformwinkel, de

healthy gezond

to hear horen

hearing aid gehoorapparaat, het

heart hart, het

heart attack hartaanval, de

heartburn zuur, het

heartbeat hartslag, de

to heat up opwarmen

heater kachel, de

heating verwarming, de

heaven hemel, de

heavy zwaar

heel *(of foot)* hiel, de
(of shoe) hak, de

heel bar hakkenbar, de

H

height hoogte, de

helicopter helicopter, de

hello hallo

helmet helm, de

help hulp, de
help! help!

to help helpen
can you help me? kun je
me helpen?

hem zoom, de

hen kip, de

hepatitis hepatitis ;
geelzucht

her *(belonging to her)* haar

herb kruid, het

herbal tea kruidenthee, de

here hier
here is... hier is...
here is my passport hier
is mijn paspoort

hernia hernia, de

hi! hallo!

to hide *(something)*
verbergen
(oneself) verstoppen

high *(price, speed, building)*
hoog
(number) groot

high blood pressure hoge
bloeddruk

highchair kinderstoel, de

high tide vloed, de

hill heuvel, de

him hem

hip heup, de

hip replacement
heupvervanging, de

hire huur, de
car hire autoverhuur, de
bike hire fietsverhuur, de
boat hire boothuur, de

to hire huren

his zijn

historic historisch

history gschiedenis, de

to hit raken

to hitchhike liften

HIV positive HIV positief

hobby hobby, de

to hold *(to contain)*
bevatten

hold-up oponthoud, het
(robbery) overval, de

hole gat, het

holiday vakantie, de
(public holiday) vrije dag
on holiday op vakantie

hollow hol

holy heilig

home huis, het
at home thuis
to go home naar huis
gaan

homeopath homeopath, de

homeopathic
homeopathisch

homesick: *to be homesick* heimwee hebben
I'm homesick ik heb heimwee

homosexual homoseksueel

honest eerlijk

honey honing, de

honeymoon huwelijksreis, de

hood *(of jacket)* capuchon, de
(of car) kap, de

hook *(for fishing)* haak, de

to hope hopen
I hope so ik hoop het
I hope not ik hoop niet

horn *(of car)* claxon, de

hors d'œuvre voorgerecht, het

horse paard, het

horse racing paardenrennen, het

horse riding paardrijden, het

hosepipe slang, de

hospital ziekenhuis, het ; hospitaal, het

hostel jeugdherberg, de

hot heet
I'm hot ik heb het heet
it's hot het is heet

hot chocolate warme chocolade(melk), de

hotel hotel, het

hot water heet water, het

hot-water bottle kruik, de

hour uur, het
half an hour half uur
half seven (time) half acht
1 hour een uur
2 hours twee uur

house huis, het

house husband huisman, de

housewife huisvrouw, de

house wine huiswijn, de

housework huishoudelijk werk, het

how hoe
how much? hoeveel?
how many? hoeveel?
how are you? hoe gaat het?

hundred honderd
five hundred vijfhonderd

hungry: *I am hungry* ik heb honger

hunt jacht, de

to hunt jagen

hunting permit jachtvergunning, de

hurry: *I'm in a hurry* ik heb haast

to hurt pijn doen
that hurts dat doet pijn
my back hurts mijn rug doet pijn

H

husband echtgenoot, de
hut hut, de
hydrofoil vleugelboot, de
hypodermic needle
injectienald, de

I

I ik
ice ijs, het
  with ice met ijs
  without ice zonder ijs
ice box koelbox, de
ice cream ijs, het
iced coffee ijskoffie, de
iced tea ijsthee, de
ice lolly ijslolly, de
ice rink ijsbaan, de
to ice-skate schaatsen
ice skates schaatsen, de
idea idee, het
identity card
identiteitskaart, de
if als ; wanneer
ignition ontsteking, de
ignition key
contactsleuteltje, het
ill ziek
  I'm ill ik ben ziek
illness ziekte, de
immediately onmiddellijk
immersion heater
dompelaar, de

immigration immigratie, de
immunisation immuniser-
ing, de
to import importeren
important belangrijk
impossible onmogelijk
to improve verbeteren
in in
  (within) **in 10 minutes** over
tien minuten
  in London in Londen
in front of voor
included inclusief
inconvenient lastig
to increase toenemen
indicator *(on car)*
richtingaanwijzer, de
indigestion indigestie, de
indigestion tablets
indigestie tabletten, de
indoors binnen
inefficient inefficiënt
infection infectie, de
infectious besmettelijk
informal informeel
information informatie, de
information desk
informatiebureau, het
information office
informatiekantoor, het
ingredient ingrediënt, het
inhaler *(for medication)*
inhaleertoestel, het
injection injectie, de

to injure verwonden
injured gewond
injury wond, de
ink inkt, de
inn herberg, de
inner tube binnenband, de
inquiries inlichtingen, de
inquiry desk inlichtingen
insect insect het
insect bite insectenbeet, de
insect repellent insectenbestrijdmiddel, het
inside binnen
instalment afbetaling, de
instant coffee oploskoffie, de
instead of in plaats van
instructor instructeur, de
insulin insuline, de
insurance verzekering, de
insurance certificate verzekeringsbewijs, het
to insure verzekeren
insured: *to be insured* verzekerd zijn
intelligent intelligent
to intend to bedoelen
interesting interessant
internet internet, het
internet café internet café, het

international internationaal
interpreter tolk, de
interval pauze, de
interview interview, het
into in
  into the centre in het centrum
to introduce *(someone to someone)* introduceren
invitation uitnodiging, de
to invite uitnodigen
invoice rekening, de ; factuur, de
Ireland Ierland
Irish Iers
iron *(metal)* ijzer, het
  (for clothes) strijkijzer, het
to iron strijken
ironing board strijkplank, de
ironmonger's ijzerwinkel, de
island eiland, het
it het
Italian Italiaan *(language)* Italiaans
Italy Italië
itch jeuk, de
to itch jeuken
  it itches het jeukt
item artikel, het
itemized bill gespecificeerde rekening, de
ivory ivoor, het

J J

jack *(for car)* krik, de
jacket jas, de
   waterproof jacket
   waterdichte jas, de
jackpot pot, de
jacuzzi™ jacuzzi, de
jam jam, de
jammed *(stuck)* verstopt
   (blocked) vast
   I am stuck ik zit vast
January januari
jar pot, de
jaundice geelzucht, de
jaw kaak, de
jazz jazz, de
jealous jaloers
jeans spijkerbroek, de
jelly gelei, de
jellyfish kwal, de
jet ski waterskiën
jetty pier, de
jewel juweel, het
jeweller's juwelier, de
jewellery juwelen
Jewish joods
job baan, de
to jog joggen
to join *(club)* lid worden
to join aansluiten
joint *(of body)* gewricht, het

joke grap, de
to joke grappen maken
journalist journalist, de
journey reis, de
judge rechter, de
jug kan, de
juice sap, het
   apple juice appelsap, het
   orange juice
   sinaasappelsap, het
   tomato juice tomatensap,
   het
   a carton of juice een pak
   sap
July juli
to jump springen
jump leads startkabel, de
junction kruising, de
June juni
just: *just two* slechts twee
   I've just arrived ik ben
   net aangekomen

K

karaoke karaoke, de
to keep houden
   keep the change! houd
   het wisselgeld maar!
kennel kennel, het
kettle fluitketel, de
key sleutel, de
   car key autosleutel, de

keyboard toestsenbord, het

keyring sleutelring, de

to kick choppen

kid (young goat) jonge geitje, het
(child) kind, het

kidneys nieren, de

to kill doden

kilo kilo, de
a kilo of apples een kilo appels
2 kilos twee kilos

kilogram kilogram, de

kilometre kilometer, de

kind (person) aardig

kind (sort) soort, het

king koning, de

kiosk kiosk, de

kiss kus, de

to kiss kussen

kitchen keuken, de

kitchen paper keukenpapier, het

kite vlieger, de

kitten katje, het

knee knie, de

knickers slipje, het

knife mes, het

to knit breien

to knock (on door) kloppen

to knock down (with car) omverrijden

to knock over (vase, glass) omgooien

knot knoop, de

to know (have knowledge of) weten
(person, place) kennen
I don't know ik weet het niet

to know how to do something kunnen
I know how to swim ik kan zwemmen

kosher kosjer

L

label etiket, het

lace kant, de

laces (for shoes) veters, de

ladder ladder, de

ladies' (toilet) dames

lady dame, de

lager (pils) bier, het
a bottle of pils een fles bier
(draught lager) tapbier, het

lake meer, het

lamb lam, het

lame mank

lamp lamp, de

lamppost lantaarnpaal, de

L

lampshade lampekap, de

land land, het

to land landen

landing (of plane) landing, de

landlady hospita, de

landlord pensionhouder, de ; huisbaas, de

landslide aardverschuiving, de

lane (on motorway) rijstrook, de

language taal, de

language school taalschool, de

laptop draagbare computer, de

large groot

last laatst
the last bus de laatste bus
the last train de laatste trein
last night gisternacht
last week vorige week
last year vorig jaar
the last (previous) time de vorige keer
the last (final) time de laatste keer

late laat
the train is late de trein is te laat

sorry we are late sorry, we zijn te laat

later later

to laugh lachen

launderette wasserette, de

laundry service wasserijdienst, de

lavatory toilet, het

lavender lavendel

law wet, de

lawn gazon, het

lawyer advocaat, de

laxative laxeermiddel, het

layby parkeerhaven, de

lazy lui

lead (electrical) leiding, de (for dog) riem, de

lead (metal) lood

lead-free loodvrij

leaf blad, het

leak lek, het

to leak lekken
it's leaking het lekt

to learn leren

lease pacht,de ; huur, de

least: at least tenminste

leather leer, het

leather goods lederwaren, de

to leave (leave behind) achterlaten (train, bus, etc) vertrekken

when does the bus leave? hoe laat vertrekt de bus?

when does the train leave? hoe laat vertrekt de trein?

leek prei, de

left: *on/to the left* aan de linkerkant ; linksaf

left-handed linkshandig

left luggage *(office)* bagagedepot, het

left luggage locker bagagekluis, de

leg been, het

legal wettelijk

lemon citroen, de

lemonade limonade, de

lemon tea citroenthee, de

to lend lenen

length lengte, de

lens *(of camera)* lens, de

lenses *(contact lenses)* lenzen, de

lesbian lesbisch

less minder
less than minder dan

lesson les, de

to let *(allow)* toestaan
(lease) verhuren

letter brief, de
(of alphabet) letter, de

letterbox brievenbus, de

lettuce sla, de

level crossing overweg, de

library bibliotheek, de

licence vergunning, de
(driving) rijbewijs, het

lid deksel, het

lie *(untruth)* leugen, de

to lie down (gaan) liggen ; rusten

life leven, het

lifebelt reddingsgordel, de

lifeboat reddingsboot, de

lifeguard *(pool)* bad-meester, de
(beach) standmeester, de

life insurance levensverzekering, de

life jacket zwemvest, het

life raft reddingsboot, de

lift *(elevator)* lift, de
(in car) lift, de

light licht, het
have you a light heb je een vuurtje

light *(not heavy)* licht
(colour) licht

light bulb gloeilamp, de

lighter aansteker, de

lighthouse vuurtoren, de

lightning bliksem, de

like als

157

L

it's like this het is net als dit

to like lekker vinden
I like coffee ik vind koffie lekker
I don't like... ik hou niet van...
I'd like to... ik wil...
we'd like to... we willen...

lilo luchtbed, het

lime limoen, de

line *(row, queue)* rij, de
(phone) lijn, de

linen *(cloth)* linnen
(bed linen) beddegoed, het

lingerie lingerie, de

lion leeuw, de

lip reading liplezen, het

lips lippen, de

lip salve lippenzalf, de

lipstick lipstick, de

liqueur likeur, de

list lijst, de

to listen to luisteren naar

litre liter
a litre of milk een liter melk

litter *(rubbish)* rommel, de

little klein
a little... een klein beetje...

to live wonen ; leven

I live in Edinburgh ik woon in Edinburg
he lives in London hij woont in Londen
he lives in a flat hij woont in een flat

liver lever, de

living room woonkamer, de

lizard hagedis, de

loaf *(of bread)* brood, het

lobster kreeft, de

local lokaal

to lock sluiten

lock slot, het
the lock is broken het slot is kapot
bike lock fietsslot, het

locker *(luggage)* kluis, de

locksmith slotenmaker, de

log blok, het

log book *(for car)* logboek, het

lollipop lollie, de

London Londen
in London in Londen
to London naar Londen

long lang

long-sighted verziend

to look after zorgen voor

to look at kijken naar

to look for zoeken

loose los
  it's become loose het is
  los gegaan
lorry vrachtwagen, de
to lose verliezen
lost verloren
  I have lost my wallet
  ik heb mijn portefeuille
  verloren
  I am lost ik ben verdwaald
lost property office (sign)
  verloren goederen
lot: *a lot* (much) veel
  (many) veel
lotion lotion, de
lottery loterij, de
loud (noisy) luid
  (volume) hard
lounge (in hotel) lounge, de
  (in house) zitkamer, de
  (in airport) hal, de
to love houden van
  I love swimming ik hou
  van zwemmen
  I love you ik hou van jou
lovely mooi
low laag
low-fat met laag vetgehalte
low tide eb, de
luck geluk, het
lucky gelukkig
  to be lucky gelukkig zijn
luggage bagage, de

luggage rack bagagerek,
  het
luggage tag
  bagagestrookje, het
luggage trolley
  bagagewagentje, het
lump (swelling) bult, de,
  gezwel, het
lunch lunch, de
lunch break lunchpauze, de
lung long, de
luxury luxe, de

M

machine machine, de
mackerel makreel, de
mad (insane) gek
  (angry) boos
madam mevrouw
magazine blad, het
maggot made, de
magnet magneet, de
magnifying glass
  vergrootglas, het
magpie ekster, de
maid hulpje, het
maiden name meisjesnaam,
  de
mail post, de
  by mail per post
main belangrijkste

main course *(of meal)* hoofdgerecht, het

main road hoofdweg, de

mains *(electrical)* net, het

to make *(generally)* maken
(meal) klaarmaken

make-up make up, de

male mannelijk

mallet houten hamer, de

man man, de

to manage *(cope)* slagen

manager manager, de

managing director directeur, de

manual met de hand

many veel

map kaart, de

marathon maraton, de

marble marmeren

March maart

margarine margarine

marina jachthaven, de

marinated gemarineerd

marjoram marjolein

mark *(stain)* vlek, de

market markt, de
where is the market? waar is de markt?
when is the market? wanneer is er markt?

marketplace marktplein, het

marmalade marmelade, de

married getrouwd
I'm married ik ben getrouwd
are you married? ben je getrouwd?

marry: to get married trouwen

marsh moeras, het

marzipan marsepein, de

mashed potato aardappelpuree, de

mass *(church service)* mis, de

mast mast, de

masterpiece meesterwerk, het

match *(game)* wedstrijd, de

matches lucifers, de

material materieel
(cloth) stof, de

to matter: it doesn't matter het geeft niet
what's the matter? wat is er?

mattress matras, het

May mei

mayonnaise mayonaise, de

mayor burgemeester, de

me mij

meadow wei, de

meal maaltijd, de

to mean betekenen
what does this mean?
wat betekent dit?

measles mazelen, de

to measure meten

meat vlees, het
white meat wit vlees, het
red meat rood vlees, het
I don't eat ik eet geen
vlees/ik eet niet vlees

mechanic mecanicien, de

medical insurance
medische verzekering, de

medicine medicijn, het

medieval middeleeuws

Mediterranean
Middellandse Zee, de

medium gemiddeld
medium rare (meat) half
doorbakken

to meet ontmoeten
pleased to meet you
aangenaam je te
ontmoeten

meeting vergadering, de

meeting point
ontmoetingspunt, het

melon meloen, de

to melt smelten

member *(of club, etc)* lid,
het

membership card
lidmaatschapskaart, de

memory geheugen, het
(thing remembered)
herinnering, de

men manne, de

to mend repareren

meningitis
hersenvliesontsteking, de

menu menu, het

meringue schuimgebak, het

message boodschap, de

metal metaal

meter meter, de

metre meter, de

microwave oven
magnetron oven, de

midday middag, de ; twaalf
uur
at midday om twaalf uur

middle middel

middle-aged middelbare
leeftijd

midge mug, de

midnight middernacht
at midnight om
middernacht

migraine migraine, de
I've a migraine ik heb
migraine

mild *(climate)* mild
(taste) zacht

milk melk, de
fresh milk verse melk, de

full-cream milk volle melk, de

hot milk hete melk, de

long-life milk lang houdbare melk, de

powdered milk poedermelk, de

semi-skimmed milk halfvolle melk, de

skimmed milk magere melk, de

soya milk soja melk, de

with milk met melk

without milk zonder melk

milkshake milkshake, de

millimetre millimeter, de

million miljoen

mince (meat) gehakt, het

mind verstand, het

to mind (take care of) zorgen voor

(object to) bezwaren hebben tegen

do you mind if...? vind je het goed als...?

I don't mind ik vind het niet erg

mineral water mineraal water, het

minibar minibar, de

minimum minimum, het

minister (political) minister, de

(church) dominee, de

minor road secundaire weg, de

mint (herb) munt, de

(sweet) pepermunt, het

minute minuut, de

mirror spiegel, de

to misbehave misdragen

miscarriage miskraam, de

Miss... Mejuffrouw...

to miss (train, etc) missen

missing (lost) vermist

my son is missing mijn zoon wordt vermist

mistake fout, de

misty mistig

it's misty het is mistig

misunderstanding misverstand, het

to mix mixen

mixer mixer, de

mobile phone mobiele telefoon, de ; GSM, de

modem modem, de

modern modern

moisturizer vochtinbrengende creme, de

mole (on skin) moedervlek, de

moment moment, het

just a moment een ogenblik alstublieft

monastery klooster, het

Monday maandag

money geld, het
I've no money ik heb
geen geld

money order postwissel,
de

monkey aap, de

month maand, de
this month deze maand
last month vorige maand
next month volgende
maand

monthly maandelijks

monument monument, het

moon maan, de

mooring ligplaats, de

mop zwabber, de

moped bromfiets, de

more meer
more than 3 meer dan
drie
more bread meer brood
more wine meer wijn

morning ochtend, de ;
morgen, de
in the morning
's ochtends
this morning vanochtend
tomorrow morning
morgenochtend

morning-after pill morning-
after-pil, de

mosque moskee, de

mosquito muskiet, de

mosquito net
muskietennet, het

mosquito repellent
muskietenwerend middel,
het

most: *most of* meest

moth nachtvlinder, de
(clothes) mot, de

mother moeder, de

mother-in-law
schoonmoeder, de

motor motor, de

motorbike motorfiets,
bromfiets, de

motorboat motorboot, de

motorcycle motor(fiets), de

motorway autoweg, de

mould *(mildew)* schimmel,
de

mountain berg, de

mountain bike (al-)terrein
fiets, de ; klimfiets, de

mountaineering
bergbeklimmen

mouse muis, de

mousse *(food)* mousse
(hair) mousse

moustache snor, de

mouth mond, de

mouthwash mondspoeling,
de

M

to move bewegen
　it isn't moving het
　beweegt niet
movie film, de
to mow maaien
Mr Meneer (abbr. in
　address Dhr)
Mrs Mevrouw (abbr. Mevr)
Ms Mejuffrouw (abbr. Mej.)
much veel
　too much teveel
mud modder
muddy modderig
mugging beroving
mumps bof, de
muscle spier, de
museum museum, het
mushroom champignon, de
music muziek, de
musical musical, de
mussel mossel, de
must (to have to) moeten
　I must ik moet
　we must we moeten
　I mustn't ik moet
　niet/geen
　we mustn't we moeten
　niet/geen
mustard mosterd, de
mutton schapevlees, het
my mijn
　my country mijn land
　my car mijn auto
　my children mijn kinderen

N

nail (metal) spijker, de
　(on finger) nagel, de
nailbrush nagelborstel, de
nail clippers nagelschaartje,
　het
nail file nagelvijl, de
nail polish nagellak, de
nail polish remover
　nagellak verwijdermiddel,
　het
nail scissors nagelschaar,
　de
name naam, de
　my name is... mijn naam
　is... ; ik heet...
　what's your name? wat is
　jouw naam?
nanny kindermeisje, het
napkin servet, het
nappy luier, de
narrow nauw
national nationaal
national park nationaal
　park, het
nationality nationaliteit, de
natural natuurlijk
nature natuur, de
nature reserve
　natuurreservaat, het
navy blue marine blauw
near bij

near the bank bij de bank
is it near? is het dichtbij?
necessary noodzakelijk
neck nek, de
necklace halssnoer, het
nectarine nectarine, de
to need nodig hebben ;
moeten
I need... ik heb... nodig
we need... wij hebben...
nodig
I need to go ik moet
gaan
needle naald, de
a needle and thread
naald en draad
negative *(photo)* negatief,
het
neighbour buur, de
nephew neef, de
nest nest, het
net net, het
nettle netel, de
never nooit
I never drink wine ik drink
nooit wijn
new nieuw
news nieuws, het
(on television) nieuws, het
newsagent kiosk, de
newspaper krant, de
newsstand kiosk, de

New Year Nieuwjaar
Happy New Year!
Gelukkig Nieuwjaar!
New Year's Eve
Ouderjaarsavond
New Zealand Nieuw
Zeeland
next naast ; volgende
next to naast
next week volgende week
the next bus de volgende
bus
the next stop de
volgende halte
the next train de
volgende trein
nice *(person)* aardig
(holiday, place) leuk
niece nicht, de
night nacht, de
at night 's nachts
last night vorige nacht
tomorrow night
morgennacht
nightclub nachtclub, de
nightdress *(for women)*
nachtjapon, de
(for men) nachthemd, de
night porter nachtportier,
de
no nee
no entry geen toegang
no smoking niet roken
no thanks nee, dank je
(without) zonder

no sugar geen suiker
no ice geen ijs

nobody niemand

noise geluid, het

noisy lawaaierig
it's very noisy het is erg lawaaierig

nonalcoholic alcoholvrij

none niets ; geen
there's none left er is niets over

non-smoker niet-roker

non-smoking niet roken

north noord

Northern Ireland Noord Ierland

North Sea Noordzee, de

nose neus, de

not niet

note *(banknote)* biljet, het ; *(letter)* notitie, de

note pad notitieblok, het

nothing niets
nothing else anders niets

notice notitie, de

noticeboard notitiebord, het

novel roman, de ; novelle, de

November november

now nu

nowhere nergens

nuclear nucleair

nudist beach naaktstrand, het

number nummer, het

numberplate *(car)* kenteken, het

nurse verpleegster, de

nursery *(for children)* crèche, de

nursery slope oefenhelling, de

nut *(to eat)* noot, de ; *(for bolt)* moer, de

nutmeg nootmuskaat

O

oak eik, de

oar roeispaan, de

oats haver, de

to obtain krijgen

obvious duidelijk

occasionally nu en dan

occupation *(work)* beroep, het

ocean oceaan, de

October oktober

octopus inktvis, de

odd *(number)* oneven

of van
a bottle of water een fles water

a glass of wine een glas wijn
made of... gemaakt van...
off *(radio, engine, etc)* uit *(milk, food, etc)* bedorven
this meat is off dit vlees is bedorven
to offer aanbieden
office kantoor, het
often vaak
how often? hoe vaak?
oil olie, de
oil filter oliefilter, het
oil gauge oliepeilstok, de
ointment zalf, de
OK OK
old oud
how old are you? hoe oud ben je?
I'm... years old ik ben...
old age pensioner gepensioneerde, de
olive olijf, de
olive oil olijfolie, de
omelette omelet, de
on *(light, TV, engine)* aan
on op
on the table op de tafel
on time op tijd
once eens
at once ineens
one een
one-way eenrichting

onion ui, de
only alleen
(adj) enige
open open
to open openen
opera opera, de
operation operatie, de
operator *(phone)* telefonist, de
opposite: opposite (to) tegenover
opposite the hotel tegenover het hotel
optician's opticien, de
or of
tea or coffee? thee of koffie?
orange *(fruit)* sinaasappel, de *(colour)* oranje
orange juice sinaasappelsap, het
orchard boomgaard, de
orchestra orkest, het
order: out of order buiten dienst
to order *(in restaurant)* bestellen
can I order? kan ik bestellen?
oregano oregano
organic organisch
to organize organiseren
original origineel

O

ornament ornament, het
other: *the other one* de andere
have you any others? heb je nog andere?
our ons ; onze
our book ons boek
our table ons tafel
our children onze kinderen
out *(light)* uit
he's gone out hij gaat uit
he's out hij is uitgegaan
out of order buiten dienst
outdoor buitenshuis
outside buiten
it's outside het is buiten
oven oven, de
oven gloves ovenhandschoenen, de
ovenproof vuurvast
over *(on top of)* boven
to be overbooked overgeboekt
to overcharge overvragen
overcoat overjas, de
overdone *(food)* overgaar
overdose overdosis, de
to overheat oververhitten
to overload overbelasting
to oversleep verslapen
to overtake *(in car)* inhalen
to owe schuldig zijn

you owe me... je bent me... schuldig
I owe you... ik ben je ... schuldig
owl uil, de
owner eigenaar, de
oxygen zuurstof, de
oyster oester, de

P

pace stap, de
pacemaker *(for heart)* pacemaker, de
to pack bags inpakken
package pakket, het
package tour geheel verzorgde reis, de
packet pakje, het
paddling pool pierenbad, het
padlock hangslot, het
page bladzijde, de
paid betaald
pain pijn, de
painful pijnlijk
painkiller pijnstiller, de
to paint schilderen
paintbrush penseel, het
painting schilderij, het
pair paar, het

palace paleis, het

pale bleek

pan *(frying)* braadpan, de
(saucepan) pan, de

pancake pannekoek, de

panniers *(for bike)* fietstas, de

pants *(briefs)* onderbroek, de

panty liner inlegkruisje, het

paper papier, het
(newspaper) krant, de

paper hankies papieren zakdoekjes, de

paper napkins papieren servetten, de

papoose *(for carrying baby)* papoose, de

paracetomol paracetamol

paraffin paraffine, de

paragliding zweefparachutisme

paralysed verlamd

parcel pakket, het

pardon pardon
I beg your pardon! het spijt me!

parents ouders, de

park park, het

to park parkeren

parking disk parkeerschijf, de

parking meter parkeermeter, de

parking ticket parkeerbon, de

parsley peterselie, de

parsnip pastinaak, de

part deel, het

partner *(business, friend)* partner, de

party *(celebration)* feest, het
(political) partij, de

pass *(mountain)* pas, de
(train, bus) pas, de

passenger passagier, de

passport paspoort, het

passport control paspoortcontrole, de

pasta pasta, de

pastry *(dough)* deeg, het
(cake) gebak, het

pâté paté, de

path pad, het

patient patiënt, de
(adj) geduldig

pavement stoep, de

to pay betalen
I'd like to pay ik wil graag betalen
where do I pay? waar kan ik betalen?
I've paid ik heb betaald

payment betaling, de

payphone telefooncel, de

peace vrede, de

peach perzik, de

peak rate hoogste tarief, het

peanut pinda, de

peanut allergy allergisch voor pinda's

peanut butter pindakaas, de

pear peer, de

pearls parels, de

peas erwten, de

pedal pedaal, het

pedal boat/pedalo waterfiets, de

pedestrian voetganger, de

pedestrian crossing voetgangersoversteek-plaats, de

to pee plassen

to peel *(fruit)* schillen

peg *(clothes)* knijper, de *(tent)* haring, de

pen pen, de

pencil potlood, het

penfriend penvriend, de

penicillin penicilline, de

penis penis, de

penknife zakmes, het

pension *(retirement)* pensioen, het

pensioner bejaarde, de

people mensen, de

pepper *(spice)* peper, de *(vegetable)* paprika, de

per per
   per day per dag
   per hour per uur
   per week per week
   per person per persoon
   50 km per hour 50km per uur

perch *(fish)* baars, de

perfect perfect

performance uitvoering, de *the next performance* de volgende uitvoering

perfume parfum, het

perhaps misschien

period *(menstruation)* periode, de

perm permanent, het

permit vergunning, de

person persoon, de *per person* per persoon

personal organizer systematische agenda, de

personal stereo persoonlijke stereo, de

pet huisdier, het

pet food voedsel voor huisdieren, het

pet shop dierenwinkel, de

petrol benzine, de
   unleaded petrol loodvrije
   benzine, de
petrol cap tankdop, de
petrol pump benzinepomp,
   de
petrol station
   benzinestation, het
petrol tank benzinetank, de
pewter tin
pharmacy apotheek, de
pheasant fazant, de
phone telefoon, de
   mobile telephone mobiele
   telefoon, de ; GSM, de
to phone opbellen
phonebook telefoonboek,
   het
phonebox telefooncel, de
phonecard telefoonkaart,
   de
photocopy fotokopie, de
   I need a photocopy ik heb
   een fotokopie nodig
photograph foto, de
   to take a photograph een
   foto maken
phrase book taalgids, de
piano piano, de
to pick *(fruit, flowers)*
   uitzoeken
   (to choose) kiezen
pickled ingelegd

pickpocket zakkenroller, de
picnic picknick, de
   to have a picnic
   picknicken
picnic area picknickplaats,
   de
picnic hamper
   picknickmand, de
picnic rug picknickdeken,
   de
picnic table picknicktafel,
   de
picture *(painting)* schilderij,
   het
   (photo) foto, de
pie *(savoury)* pastei, de
   (sweet) taart, de
piece stuk, het
pier pier, de
pig varken, het
pill pil, de
   to be on the Pill de pil
   nemen
pillow kussen, het
pillowcase kussensloop, de
pilot piloot, de
pin speld, de
   safety pin
   veiligheidsspeld, de
pineapple ananas, de
pink rose
pipe *(for smoking)* pijp, de
   (drain, etc) pijp, de

P

pity: *what a pity!* wat jammer!

pizza pizza, de

place plaats, de

place of birth geboorteplaats, de

plain *(yoghurt, etc)* gewoon *(obvious)* duidelijk

plait vlecht, de

plan plan, het

to plan plannen

plane vliegtuig, het

plant plant, de

plaster *(sticking)* pleister, de *(for broken limb)* gips, het

plastic plastic

plastic bag plastic zak, de

plate bord, het

platform *(railway)* perron, het ; spoor, het *which platform?* welk perron?

play *(at theatre)* toneelstuk, het

to play spelen

play area speelterrein, het

playground speelplaats, de

play park speeltuin, de

playroom speelkamer, de

pleasant plezierig

please *(formal)* alstublieft ; *(informal)* alsjeblieft

pleased: *pleased to meet you* aangenaam kennis te maken

plenty: *plenty of (much)* veel *(many)* veel

pliers buigtang, de

plug *(electric)* stekker, de *(for sink)* plug, de

to plug in aansluiten

plum pruim, de

plumber loodgieter, de

plumbing *(pipes)* sanitair, het

plunger *(for sink)* ontstopper, de

p.m. *(afternoon/evening)* na de middag / 's middags *(night)* 's nachts

poached gepocheerd *poached egg* gepocheerd ei, het

pocket zak, de

points *(in car)* contactpunten, de

poison vergif, het

poisonous vergiftig

police *(force)* politie, de

police officer agent, de

police station politiebureau, het

polish *(for shoes)* schoensmeer, het

(for furniture) poetsmiddel, het

pollen pollen, de

polluted vervuild

pollution vervuiling, de

pony pony, de

pony trekking trektochten met ponies

pool zwembad, het

pool attendant badwacht, de

poor arm

poorly: he feels poorly hij voelt zich niet lekker

pope paus, de

poppy papaver, de

pop socks kousjes, de

popular populair

pork varkensvlees, het

port *(wine)* port, de *(seaport)* haven, de

porter *(for door)* portier, de *(for luggage)* kruier, de

portion portie, de

Portugal Portugal

Portuguese Portugees

possible mogelijk

post: by post per post

to post versturen

postbox postbus, de

postcard postkaart, de

postcode postcode, de

poster affiche, het

postman/woman postbode, de

post office postkantoor, het

to postpone uitstellen

pot *(for cooking)* pot, de

potato aardappel, de
   baked potato in de oven gebakken aardappel in de schill, de
   boiled potatoes gekookte aardappelenl, de
   fried potatoes gebakken aardappelenl, de
   mashed potatoes aardappelpuree, de
   roast potatoes geroosterde aardappelenl, de
   sautéed potatoes gebakken aardappelen (gesauteerd)l, de

potato masher aardappelstamper, de

potato peeler aardappelschiller, de

potato salad aardappelsaladel, de

pothole gat, het

pottery aardewerk, het

poultry gevogelte, het

pound *(money)* pond, het

P

(weight) pond, het (500 grams)

to pour schenken

powdered: *in powdered form* in gepoederde vorm

powdered milk poedermelk, de

power macht, de *(electricity)* stroom, de

power cut stroomonderbreking, de

pram kinderwagen, de

prawn garnaal, de

to pray bidden

prayer gebed, het

to prefer prefereren

pregnant zwanger *I'm pregnant* ik ben zwanger

to prepare prepareren

to prescribe voorschrijven

prescription voorschrift, het

present *(gift)* cadeau, het

preservative bewaarmiddel, het

president president, de

press *(newspapers)* pers, de

pressure druk, de *blood pressure* bloeddruk, de *tyre pressure* bandspanning, de

pretty mooi

price prijs, de

price list prijslijst, de

priest priester, de

prince prinses, de

print *(photo)* afdruk, de

printer printer, de

prison gevangenis, de

private privé

prize prijs, de

probably waarschijnlijk

problem probleem, het *no problem* geen probleem

programme programma, het

professor professor, de

prohibited verboden

promise belofte, de

to promise beloven

pronounce uitspreken *how is this pronounced?* hoe wordt dit uitgesproken?

protein proteïne

Protestant protestant

to provide voorzien

prune gedroogde pruim, de

public openbaar

public holiday nationale feestdag, de

publisher uitgever, de
pudding pudding, de
to pull trekken
  I've pulled a muscle ik
  heb een spier verrekt
to pull over *(car)* stoppen
pullover pullover, de
pump pomp, de
pumpkin pompoen, de
puncture gaatje, het
puncture repair kit
  reparatiemateriaal, het
puppet pop, de
puppet show poppenshow,
  de
puppy puppy, de
purple paars
purpose: on purpose met
  opzet
purse portemonnee, de
to push duwen
pushchair wandelwagen, de
to put zetten
to put back terugzetten
pyjamas pyjama, de

Q

quail kwartel, de
quality kwaliteit, de
quantity kwantiteit, de

quarantine quarantaine
to quarrel ruzie maken
quarter kwartier, het
quay kade, de
queen koningin, de
query vraag, de
question vraag, de
queue rij, de
to queue in de rij staan
quick vlug
quickly vlug
quiet *(place)* rustig
  a quiet room een stille
  kamer
quilt donsdeken, de
quite: it's quite good het is
  tamelijk goed
  quite expensive nogal
  duur
quiz quiz, de
quiz show quiz show, de

R

rabbit konijn, het
rabies hondsdolheid, de
race *(sport)* race, de
  (human) ras, het
race course renbaan, de
rack *(luggage)* rek, het
racket racket, het

R

radiator *(car)* radiator, de
(heater) radiator, de
radio radio, de
radish radijs, de
raffle loterij, de
rag lap, de
railcard spoorkaart, de
railway spoorweg, de
railway station station, het
rain regen
it's raining het regent
rainbow regenboog, de
raincoat regenjas, de
raisin krent, de
rake hark, de
ramp helling, de
to rape verkrachten
raped verkracht
I've been raped ik ben
verkracht
rare *(unique)* zeldzaam
(steak) kort gebakken
rash *(skin)* uitslag, de
raspberries frambozen, de
rat rat, de
rate *(price)* prijs, de
rate of exchange
wisselkoers, de
raw rauw
razor scheerapparaat, het
razorblades scheermesjes,
de

to read lezen
ready klaar
to get ready klaarmaken
real echt
to realize realiseren
rearview mirror
achteruitkijkspiegel, de
reason reden, de
receipt recept, het
receiver *(phone)* hoorn,
de
recently recentelijk
reception *(desk)* receptie,
de
receptionist receptionist,
de
to recharge opladen
recipe recept, het
to recognize herkennen
to recommend aanbevelen
record *(music)* plaat, de
to record *(facts)* vastleggen
(music) opnemen
to recover *(from illness)*
herstellen
to recycle recyclen
red rood
redcurrants rode bessen,
de
to reduce verminderen
reduction vermindering,
de

ENGLISH–DUTCH

reel *(fishing)* reel, de

to refer to verwijzen naar

referee scheidsrechter, de

to refill *(pen, lighter)* opnieuw vullen

refund terugbetaling, de

to refuse weigeren

regarding betreffende

region regio, de

to register *(at hotel)* inschrijven

registered *(letter)* aangetekend

registration form inschrijvingsformulier, het

regulations regels, de

to reimburse vergoeden

relation *(family)* relatie, de

relationship *(personal)* persoonlijke relatie, de *(family)* verwantschap, de

relative *(family)* familielid, het

to relax relaxen

reliable betrouwbaar

to remain blijven

to remember herinneren *I don't remember* ik herinner me niet

remote control afstandsbediening, de

removal firm verhuisbedrijf, het

to remove verhuizen

rent huur, de

to rent *(house, car)* huren

rental huur, de

repair reparatie, de

to repair repareren

to repeat herhalen

to reply antwoorden

report rapport, het

to report rapporteren

request verzoek, het

to request verzoeken

to require nodig hebben

to rescue redden

reservation reservering, de

to reserve reserveren

reserved gereserveerd

resident *(at hotel)* gast, de

resort oord, het

rest *(repose)* rust, de *(remainder)* rest, de *the rest of the wine* de rest van de wijn

to rest rusten

restaurant restaurant, het

restaurant car restauratiewagen, de

to retire met pensioen gaan

R

retired gepensioeneerd
I'm retired ik ben
gepensioeneerd

to return *(to go back)*
terugkeren
(to give something back)
teruggeven

return ticket retour, het

to reverse omdraaien

reversed charges voor
rekening van
opgeroepene

reverse gear achteruit, de

rheumatism reumatiek

rhubarb rabarber, de

rib rib, de

ribbon lint, het

rice rijst, de

rich *(person)* rijk
(food) machtig

to ride *(horse)* rijden
(in a car, bus, etc) rijden

right *(correct)* goed
to be right gelijk hebben

right: on/to the right aan
de rechterkant/naar rechts

right-handed rechtshandig

right of way voorrang, de

ring *(for finger)* ring, de

to ring *(bell)* aanbellen
(phone) opbellen
it's ringing de telefoon
gaat

ring road ringweg, de

ripe rijp

river rivier, de

road weg, de

road map wegenkaart, de

road sign verkeersbord,
het

roadworks
wegwerkzaamheden, de

roast braadstuk, het

robber rover, de

robin roodborstje, het

roll *(bread)* broodje, het

rollerblades rolschaatsen,
de

rollers krulspelden, de

roller skates rolschaatsen,
de

rolling pin deegrol, de

romance *(novel)* roman,
de

Romanesque Romaans

romantic romantisch

roof dak, het

roof rack imperiaal, de

room *(in house, hotel)* kamer,
de
(space) ruimte, de
double room
tweepersoonskamer, de
family room familiekamer,
de

single room eenpersoonskamer, de

room number kamernummer, het

room service bediening op de kamer, de

root wortel, de

rope touw, het

rose roos, de

rosemary rozemarijn

rosé wine rosé

rotten *(fruit, etc)* bedorven

rough *(surface)* ruw
(sea) ruw

round *(shape)* rond

roundabout *(traffic)* rotonde, de

route route, de

row *(line)* rij, de

to row *(boat)* roeien

rowing *(sport)* roeien

rowing boat roeiboot, de

royal koninklijk

rubber *(eraser)* gummetje, het
(material) rubber

rubber band elastiekje, het

rubber gloves rubber handschoenen, de

rubbish vuilnis, het

rubella rode hond, de

rucksack rugzak, de

rudder roer, het

rug tapijt, het

ruins ruïne, de

ruler *(for measuring)* maatlat, de

rum rum

to run rennen

rush hour spitsuur, het

rusty roestig

rye bread roggebrood, het

S

saccharin saccharine

sad droevig

saddle *(bike, horse)* zadel, het

safe *(for valuables)* kluis, de

safe veilig
is it safe? is het veilig?

safety belt veiligheidsriem, de

safety pin veiligheidsspeld, de

sage *(herb)* salie

to sail *(sport, leisure)* zeilen

sailboard zeilplank, de

sail(ing) zeilen

sailing boat zeilboot, de

saint heilige, de

salad salade, de

green salad groene salade, de
mixed salad gemixte salade, de
potato salad aardappel salade, de
tomato salad tomatensalade, de
salad dressing slasaus, de
salami salami, de
salary salaris, het
sale(s) (uit)verkoop, de
salesman verkoper, de
sales woman verkoopster, de
sales rep vertegenwoordiger, de
salmon zalm, de
smoked salmon gerookte zalm
salt zout, het
salt water zoutwater, het
salty zout
same hetzelfde
sample monster, het
sand zand, het
sandals sandalen, de
sandwich sandwich, de
toasted sandwich tosti, de
sanitary towel maandverband, het
sardine sardine, de

satellite dish satellietschotel, de
satellite TV satelliet TV, de
Saturday zaterdag
sauce saus, de
tomato sauce tomatensaus, de
saucepan pan, de
saucer schotel, de
sauna sauna, de
sausage worst, de
to save (life) redden (money) sparen
savoury hartig
saw zaag, de
to say zeggen
scales (weighing) weegschaal, de
scallops kammossels, de
scampi scampi, de
scarf (woollen) sjaal, de (headscarf) hoofddoek, de
scenery landschap, het
schedule programma, het
school school, de
primary school lagere school, de
secondary school middelbare school, de
scissors schaar, de
score (of match) uitslag, de
to score scoren

Scot Schot, de

Scotland Schotland

Scottish Schots

scouring pad schuurdoekje, het

screen *(computer, TV)* scherm, het

screenwash ruitesproeier, de

screw schroef, de

screwdriver schroevedraaier, de
phillips screwdriver™ phillips schroevedraaier, de

sculpture beeld, het

sea zee, de

seafood zeevruchten, de

seagull meeuw, de

seal *(animal)* zeehond, de

seam *(of dress)* naad, de

to search for zoeken naar

seasick zeeziek
I get seasick ik word zeeziek

seasickness zeeziekte, de

seaside kust, de
at the seaside aan de kust

season *(of year)* seizoen, het
(holiday) seizoen, het
in season -tijd

season ticket seizoen-skaart, de

seasoning kruiden, de

seat *(chair)* stoel, de
(on bus, train, etc) zitplaats, de

seatbelt veiligheidsgordel, de

seaweed zeewier, het

second tweede

second class tweede klasse

second-class tweede klas

second-hand tweedehands

secretary *(male)* secretaris, de
(female) secretaresse, de

security guard veiligheidsbeambte, de

sedative kalmerend middel, het

to see zien

seed zaad, het

to seize grijpen

self-catering zelf voor eten zorgend

self-employed zelfstandig

self-service zelfbediening

to sell verkopen
do you sell...? verkoop je...?

sell-by date uiterste verkoopdatum, de

Sellotape™ Sellotape, plakband, het

semi-skimmed milk halfvolle melk, de

to send zenden

senior citizen bejaarde, de

sensible gevoelig

separated gescheiden

separately: *to pay separately* apart betalen

September september

septic tank septictank, de

sequel *(film, book)* vervolg, het

serious serieus *(illness)* ernstig

to serve (be)dienen

service *(church)* dienst, de *(in restaurant)* service, de *is service included?* is de service inbegrepen?

service charge servicetoeslag, de

service station benzinestation, het

serviette servet, het

set menu volledig en tegen vaste prijs menu, het ; dagmenu, het

settee bank, de

several verschillende

to sew naaien

sewer riool, het

sex *(gender)* sexe, de *(intercourse)* sex, de

shade schaduw, de *in the shade* in de schaduw

to shake *(bottle)* schudden

shallow ondiep

shampoo shampoo, de

shampoo and set wassen en krullen zetten

to share delen

to share out verdelen

sharp *(razor, knife)* scherp

to shave scheren

shaving cream scheerzeep, de

shawl sjaal, de

she zij

sheep schaap(en), het (de)

sheet *(for bed)* laken, het

shelf plank, de

shell *(seashell)* schelp, de *(egg)* schaal, de

shellfish schelpdieren, de

sheltered beschut

shepherd herder, de

sherry sherry, de

to shine schijnen

shingles *(illness)* gordelroos, de

ship schip, het

shirt overhemd, het

shock absorber schokdemper, de

shoe schoen, de

shoelaces schoenveters, de

shoe polish schoensmeer, het

shoe repairer's schoenmaker, de

shoe shop schoenenwinkel, de

shop winkel, de

shop assistant verkoper, de

shop window etalage, de

shopping: to go shopping boodschappen doen

shopping centre winkelcentrum, het

shore kust, de

short kort

short circuit kortsluiting, de

short cut kortgeknipt

shortage tekort, het

shorts korte broek, de

short-sighted bijziend

shoulder schouder, de

to shout schreeuwen

show show, de

to show laten zien

shower douche, de
  to have a shower douchen
  (rain) bui, de

shower cap douchekapje, het

shower curtain douchegordijn, het

shrimps garnalen, de

to shrink krimpen

shrub struik, de

shut *(closed)* gesloten

to shut sluiten

shutters luiken, de

shuttle service pendeldienst, de

shy verlegen

sick *(ill)* ziek
  I feel sick ik voel me niet goed

side zijde, de

side dish bijgerecht, het

sidelight zijlicht, het

sidewalk stoep, de

sieve zeef, de

to sightsee zienswaardigheden bezoeken

sightseeing tour signtseeing tour, de

sign *(road, notice, etc)* bord, het

to sign tekenen

signature handtekening, de

signpost wegwijzer, de

silk zijde, de

S

silver zilver

similar: *similar to* net als

simple simpel

since *(time)* sinds
(because) omdat
since Saturday sinds
zaterdag

to sing zingen

single *(not married)*
ongetrouwd
(not double) eenpersoons

single bed
eenpersoonsbed, het

single room
eenpersoonskamer, de

single ticket enkeltje, het

sink gootsteen, de

sir meneer

sister zuster, de

sister-in-law schoonzuster,
·de

to sit zitten
please, sit down ga
alsjeblieft zitten

size *(clothes, shoes)* maat, de

to skate schaatsen

skateboard skateboard, het

skates *(ice)* schaatsen, de
(roller) rolschaatsen, ·de

skating rink ijsbaan, de

ski ski, de
skis skies, de

to ski skiën

ski boots skischoenen, de

ski instructor ski-
instructeur, de

ski lift skilift, de

ski pole skistick, de

ski run skihelling, de

ski stick skistick, de

ski suit skipak, het

skimmed milk magere
melk, de

skin huid, de

skirt rok, de

sky hemel, de

sledge slee, de

to sleep slapen

to sleep in verslapen

sleeper *(on train)*
slaapwagen, de

sleeping bag slaapzak, de

sleeping car slaapwagen,
de

sleeping pill slaappil, de

slice snee, de

slide *(photograph)* dia, de

to slip slippen

slippers slippers, de

slow langzaam

small klein

smaller kleiner

smell reuk, de

smile glimlach, de

to smile glimlachen

smoke rook, de

to smoke roken
 I don't smoke ik rook niet
 can I smoke? mag ik roken?

smoke alarm rookalarm, het

smoked gerookt

smokers rokers, de

smoking: *no smoking* niet roken

smooth zacht

snack snack, de
 to have a snack een tussendoortje gebruiken

snack bar snackbar, de

snake slang, de

snake bite slangebeet, de

to sneeze niezen

to snore snurken

snorkel snorkel, de

snow sneeuw, de

to snow sneeuwen
 it's snowing het sneeuwt

snowboard snowboard, het

to snowboard snowboarden

snow chains sneeuwkettingen, de

snowed up ingesneeuwd

snowman sneeuwman, de

snowplough sneeuwploeg, de

snow tyres sneeuwbanden, de

so zo
 so much zoveel

soap zeep, de

soap powder zeeppoeder, het

sober nuchter

socket *(electrical)* contactdoos, de

socks sokken, de

sofa bank, de

sofa bed slaapbank, de

soft zacht

soft drink niet-alcoholische drank, de

software software, het

soldier soldaat, de

sole *(fish)* tong, de
 (of shoe) zool, de

soluble oplosbaar

some enkele

someone iemand

something iets

sometimes soms

son zoon, de

son-in-law schoonzoon, de

song lied, het

soon spoedig

as soon as possible zo spoedig mogelijk

sore zeer

sore throat zere keel, de
I have a sore throat ik heb een zere keel

sorry: I'm sorry! het spijt me!

sort soort, het
what sort of cheese? wat voor soort kaas?

sound geluid, het

soup soep, de

sour zuur

soured cream zure room, de

south zuid

souvenir souvenir, het

spa minerale bron, de

space ruimte, de

spade spade, de

Spain Spanje

Spanish Spaans

spanner moersleutel, de

spare parts reserveonderdelen, de

spare room logeerkamer, de

spare tyre reserveband, de

spare wheel reservewiel, het

sparkling sprankelend

sparkling water spuitwater, het

sparkling wine schuimwijn, de ; mousserende wijn, de

spark plug bougie, de

to speak spreken
do you speak English? spreek je Engels
I don't speak Dutch ik spreek geen Nederlands

special speciaal

specialist specialist, de

speciality specialiteit, de

speech spraak, de
(address) toespraak, de

speed snelheid, de

speedboat speedboot, de

speeding te hard rijden

speeding ticket bekeuring voor te hard rijden, de

speed limit snelheidslimiet, de
to exceed the speed limit de snelheidslimiet overschrijden

speedometer snelheidsmeter, de

to spell spellen
how do you spell it? hoe spel je het?

to spend *(money)* uitgeven

spices specerijen, de

spicy kruidig

spider spin, de

to spill morsen

spinach spinazie, de

spin-dryer centrifuge, de

spine ruggegraat, de

spirits sterke dranken, de

splinter splinter, de

spoke *(wheel)* spaak, de

sponge spons, de

spoon lepel, de

sport sport, de

sports centre sportcentrum, het

sports shop sportwinkel, de

spot *(pimple)* puist, de

to sprain verstuiken
  to sprain one's ankle je enkel verstuiken

spring *(season)* lente, de
  (coil) veer, de

spring onion bosuitje, het

square *(in town)* plein, het

squash *(drink)* kwast
  (game) squash, het

to squeeze uitpersen

squid pijlinktvis, de

stadium stadion, het

stage toneel, het

stain vlek, de

stained glass glas-in-lood

stain remover vlekkenmiddel, het

stairs trap, de

stale *(bread)* oudbakken

stalls *(in theatre)* stallesplaats, de

stamp *(postage)* postzegel, de

to stand staan

to stand up opstaan

star ster, de

starfish zeester, de

to start starten

starter *(in meal)* voorgerecht, het
  (in car) startmotor, de

station station, het

stationer's kantoorbenodigdheden, de

statue standbeeld, het

stay verblijf, het
  enjoy your stay! een plezierig verblijf!

to stay blijven
  I'm staying at a hotel ik logeer in een hotel

steak biefstuk, de
  medium steak medium/doorbakken biefstuk
  well-done steak goed doorbakken biefstuk
  rare steak rauwe biefstuk

to steal stelen

to steam stomen

steel staal

steep stijl
is it steep? is het stijl?

steeple spits, de

steering wheel stuurwiel, het

step *(stair)* trede, de

stepdaughter stiefdochter, de

stepfather stiefvader, de

stepmother stiefmoeder, de

stepson stiefzoon, de

stereo stereo, de
personal stereo draagbare stereo, de

sterling *(pounds)* Britse ponden, de

stew stoofpot, de

steward *(on plane)* steward, de

stewardess *(on plane)* stewardess, de

to stick *(with glue)* lijmen

sticking plaster kleefpleister, de

still *(not moving)* stil
(not sparkling) zonder prik
(yet) nog

sting *(insect)* beet, de

to sting bijten

stitches hechtingen, de

stock cube bouillonblokje, het

stockings kousen, de

stolen gestolen

stomach maag, de

stomach upset maag-storing, de

stone steen, de

to stop *(come to a halt)* stoppen
(stop doing something) stoppen met...

stop sign stopsignaal, het

store *(shop)* winkel, de

storey verdieping, de

storm storm, de

story verhaal, het

straightaway direct

straight on rechtdoor

strainer zeef, de

strange vreemd

straw *(for drinking)* rietje, het

strawberry aardbei, de

stream stroom, de

street straat, de

street map stratenplan, het

strength sterkte

stress stress

strike *(of workers)* staking, de

to strike staken

string koord, het

striped gestreept

stroke beroerte, de
to have a stroke een beroerte krijgen

strong sterk
strong coffee sterke koffie
strong tea sterke thee

stuck: *it's stuck fast* het zit vast

student student, de

student discount studentenkorting, de

stuffed opgezet

stung *(by insect)* gebeten

stupid dom

subscription abonnement, het

subtitles ondertitels, de

subway *(underpass)* onderdoorgang, de

suddenly plotseling

suede suede, het

sugar suiker, de
icing sugar poedersuiker

sugar-free suikervrij

to suggest voorstellen

suit *(men and women's)* kostuum, het

suitcase koffer, de

sum som, de

summer zomer, de

summer holidays zomervakantie, de

summit top, de

sun zon, de

to sunbathe zonnebaden

sunblock zonblok

sunburn zonnebrand, de

Sunday zondag

sunflower zonnebloem, de

sunflower oil zonnebloemolie, de

sunglasses zonnebril, de

sunny zonnig
it's sunny het is zonnig

sunrise zonsopgang, de

sunroof schuifdak, het

sunscreen zonnescherm, het

sunset zonsondergang, de

sunshade zonnescherm, het

sunstroke zonnesteek, de

suntan kleur, de

suntan lotion zonnebrandmiddel, het

supermarket supermarkt, de

supper avondmaal, het

supplement supplement, het

to supply voorzien

S

surcharge toeslag, de
sure zeker
   I'm sure ik weet het zeker
to surf surfen
   to surf the net surfen op
   het internet
surfboard sufplank, de
surgery *(operation)* operatie, de
   (building) praktijk, de
surname achternaam, de
   my surname is... mijn
   achternaam is...
surprise verrassing, de
surrounded by omringd
   door
suspension vering, de
to survive overleven
to swallow inslikken
swan zwaan, de
to swear *(bad language)*
   vloeken
to sweat zweten
sweater trui, de
sweatshirt sweatshirt, het
sweet *(not savoury)* zoet
sweet *(dessert)* dessert, het
sweetener zoetmiddel, het
sweets snoepjes, de
to swell *(injury, etc)*
   opzwellen
to swim zwemmen

swimming pool zwembad,
   het
swimsuit zwempak, het
swing *(for children)*
   schommel, de
Swiss Zwitsers
switch schakelaar, de
to switch off uitdoen
to switch on aandoen
Switzerland Zwitserland
swollen *(finger, ankle, etc)*
   opgezwollen
swordfish zwaardvis, de
synagogue synagoge, de
syringe injectienaald, de

T

table tafel, de
tablecloth tafelkleed, het
tablespoon eetlepel, de
tablet pil, de
table wine tafelwijn, de
tail staart, de
tailor's kleermaker, de
to take *(carry)* meenemen
   (to grab, seize) pakken
   (medicine, etc) nemen
   (to take someone to)
   meenemen
   how long does it take?
   hoe lang duurt het?

take-away *(food)* afhaal

to take off uitdoen

to take out *(of bag, etc)* uitnemen

talc talk, de

to talk to praten met

tall groot

tame *(animal)* tam

tampons tampons, de

tangerine mandarijn, de

tank *(car)* tank, de
(fish) tank, de
(fishbowl) kom, de

tap kraan, de

tap water kraanwater, het

tape *(video)* cassette, de

tape measure meetlint, het

tape recorder cassetterecorder, de

target doel, het

tarragon dragon

tart taart, de

tartar sauce tartaarsaus, de

taste smaak, de

to taste smaken, proeven
can I taste it? mag ik het proeven?

tax belasting, de

taxi taxi, de

taxi driver taxichauffeur, de

taxi rank taxistandplaats, de

tea thee, de
herbal tea kruidenthee, de
lemon tea citroenthee, de
strong tea sterke thee, de
tea with milk thee met melk, de

teabag theezakje, het

to teach leren

teacher *(male)* leraar. de
(female) lerares, de

team team, het

teapot theepot, de

tear *(in eye)* traan, de
(in material) scheur, de

teaspoon theelepel, de

teat *(on baby's bottle)* speen, de

tea towel theedoek, de

teenager tiener, de

teeshirt T-shirt

teeth tanden, de

to be teething tanden krijgen

telegram telegram, het

telephone telefoon, de
mobile telephone mobiele telefoon, de ; GSM, de

to telephone opbellen

telephone box telefooncel, de

telephone call telefoongesprek, het

telephone card telefoonkaart, de

telephone directory telefoonboek, het

telephone number telefoonnummer, het

television televisie, de

television set televisietoestel, het

telex telex, de

to tell vertellen

temperature temperatuur, de
I have a temperature ik heb koorts

temple tempel, de

temporary tijdelijk

tenant huurder, de

tendon pees, de

tennis tennis, het

tennis ball tennisbal, de

tennis court tennisbaan, de

tennis racket tennisracket, het

tent tent, de

tent peg haring, de

terminal terminal, de

terrace terras, het

terrorist terrorist, de

to test *(try out)* testen

testicles testis, de

tetanus tetanus

than dan
better than beter dan
more than you meer dan
more than five meer dan vijf
less than minder dan

to thank bedanken

thank you/thanks dank je
thank you very much dankjewel
no thanks geen dank

that die ; dat

that one die ; dat
that book dat boek
that table die tafel
that one dat

the de

theatre theater, het

theft diefstal, de

their hun

them hen

then toen

there *(over there)* daar

there is er is

there are er zijn

thermometer thermometer, de

these deze ; die
these ones deze ; die

they zij

thick dik

thief dief, de

thigh dij, de

thin dun

thing ding, het
my things mijn spullen

to think denken
(to be of opinion) vinden

third derde

thirsty dorstig
I'm thirsty ik heb dorst

this dit ; deze
this book dit boek
that table deze tafel
this one dit ; deze

thorn doorn, de

those die ; deze
those ones die ; deze

thousand duizend

thread draad, de

thriller thriller, de

throat keel, de

throat lozenges
keeltabletten, de

through door

to throw away weggooien

thrush vaginale infectie, de

thumb duim, de

thunder donder, de

thunderstorm onweersbui,
de

Thursday donderdag

thyme tijm

ticket kaartje, het
single ticket enkeltje, het
return ticket retourtje,
het
tourist ticket toeristenkaart, de

ticket collector controleur,
de

ticket office kassa, de

tide *(sea)* getijde, het
low tide eb, de
high tide vloed, de

tidy netjes

to tidy up opruimen

tie stropdas, de

tight strak

tights panty, de

tile *(floor)* vloertegel, de
(wall) tegel, de

till *(cash desk)* kassa, de

till *(until)* tot
till 2 o'clock tot twee uur

time tijd, de
what time is it? hoe laat
is het?
this time zo laat ; deze
tijd
do you have the time?
weet je hoe laat het is?

timetable *(train)*
dienstregeling, de
(work) rooster, het

T

tin *(can)* blik, het

tinfoil tinfoelie, de

tin-opener blikopener, de

tip fooi, de

to tip fooi geven

tipped *(cigarette)* met filter

tired moe

tissues papieren zakdoekjes, de

to naar
  to London naar Londen
  to the airport naar het vliegveld

toadstool paddestoel, de

toast *(to eat)* geroosterd brood, het
  (raising glass) toost, de

tobacco tabak, de

tobacconist's sigarenwinkel, de

today vandaag

toddler peuter, de

toe teen, de

together samen

toilet toilet, het
  disabled toilets toilet voor invaliden, het

toilet brush toiletborstel, de

toilet paper toiletpapier, het

toiletries toiletartikelen, de

token *(for bus)* bon, de

toll *(motorway)* tol, de

tomato tomaat, de
  tinned tomatoes ingeblikte tomaten, de

tomato juice tomatensap, het

tomato purée tomatenpuree, de

tomato sauce tomatensaus, de

tomato soup tomatensoep, de

tomorrow morgen
  tomorrow morning morgenochtend
  tomorrow afternoon morgenmiddag
  tomorrow evening morgenavond
  tomorrow night morgennacht

tongue tong, de

tonight vannacht

tonsillitis amandelontsteking, de

too te
  (also) ook
  too big te groot
  too small te klein
  too hot *(food)* te heet
  too noisy te lawaaierig

tool werktuig, het

toolkit gereedschappen, de

tooth tand, de

toothache kiespijn, de

toothbrush tandenborstel, de

toothpaste tandpasta, de

toothpick tandenstoker, de

top: *the top floor* bovenste verdieping, de

top *(of hill)* top, de
on top of... boven op...

topless: *to go topless* zonder topje

torch *(flashlight)* zaklamp, de

torn gescheurd

total *(amount)* totaal, het

to touch aanraken

tough *(meat)* stug

tour *(trip)* tour, de ; toer, de
(of museum, etc) rondleiding, de
guided tour rondleiding met gids

tour guide tourgids, de

tour operator tour operator, de

tourist toerist, de

tourist information VVV ; toeristische informatie, de

tourist office VVV ; toeristenkantoor, het

tourist route toeristische route, de

tourist ticket toeristenkaart, de

to tow trekken

towbar trekhaak, de

towel handdoek, de

tower toren, de

town stad, de

town centre centrum, het

town hall stadhuis, het

town plan plattegrond, de

towrope sleeptouw, het

toxic vergiftig

toy speelgoed, het

toy shop speelgoedwinkel, de

tracksuit trainingspak, het

traditional traditioneel

traffic verkeer, het

traffic jam verkeersopstopping, de

traffic lights verkeerslichten, de

traffic warden verkeersagent, de

trailer trailer, de

train trein, de
by train per trein
the next train de volgende trein
the first train de eerste trein
the last train de laatste trein

trainers sportschoenen, de

tram tram, de

tranquillizer kalmerend middel, het

to transfer *(money)* overmaken

to translate vertalen

translation vertaling, de

to travel reizen

travel agent reisagentschap, het

travel documents reisdocumenten, de

travel guide reisgids, de

travel insurance reisverzekering, de

travel sickness reisziekte, de

traveller's cheque reischeque, de

tray blad, het

tree boom, de

trip reis, de

trolley wagentje, het

trouble moeilijkheden, de
I'm in trouble ik ben in moeilijkheden

trousers broek, de

trout forel, de

truck vrachtwagen, de

true waar

trunk *(luggage)* koffer, de

trunks *(swimming)* zwembroek, de

truth waarheid, de

to try *(attempt)* proberen

to try on *(clothes, shoes)* aanproberen

T-shirt T-shirt, het

Tuesday dinsdag

tulip tulp, de

tumble dryer wasdroger, de

tuna tonijn, de

tunnel tunnel, de

turkey kalkoen, de

to turn draaien
to turn around omdraaien

to turn off *(light, engine, etc)* uitdoen
(tap) dichtdraaien

to turn on *(light, etc)* aandoen
(engine) starten
(tap) opendraaien

turnip koolraap, de

turquoise *(colour)* turkois

tweezers pincet, het

twice tweemaal

twin-bedded room kamer met lits jumeaux, de

twins tweeling, de
identical twins eeneiige tweeling, de

to type typen

typical typisch
tyre band, de
tyre pressure
bandspanning, de

U

ugly lelijk
ulcer zweer, de
(stomach) maagzweer, de
umbrella paraplu, de
(sunshade) parasol, de
uncle oom, de
uncomfortable
ongemakkelijk
unconscious bewusteloos
under onder
undercooked niet gaar
underground *(metro)* metro,
de
underpants onderbroek, de
underpass onderdoorgang,
de
to understand *(knowledge)*
begrijpen
(hear) verstaan
I don't understand this
ik begrijp dit niet
I don't understand Dutch
ik versta geen Nederlands
do you understand?
begrijp je?
underwear ondergoed, het

underwater onderwater
to undo losgaan
(garment) te niet doen
to undress uitkleden
unemployed werkloos
to unfasten losmaken
unhappy ongelukkig
to be unhappy with...
ongelukkig zijn met....
United Kingdom Verenigd
Koninkrijk, het
United States Verenigde
Staten, de
university universiteit, de
unleaded petrol loodvrije
benzine, de
unlikely onwaarschijnlijk
to unlock openmaken
unlucky ongelukkig
to unpack *(suitcases)*
uitpakken
unpleasant onplezierig
to unplug de stekker eruit
halen
to unscrew losschroeven
until tot
until 2 o'clock tot twee
uur
unusual ongewoon
up op
to get up opstaan
upside down
ondersteboven

U

upstairs boven
urgent urgent
urine urine, de
us ons
USA VS
to use gebruiken
useful (thing) bruikbaar
  (person) verdienstelijk
usual gebruikelijk
usually gewoonlijk
U-turn draai van
  hondertachtig graden

V

vacancies (in hotel, etc)
  onbezette kamers
vacant leeg
  (hotel room) onbezet
vacation vakantie, de
  on vacation op vakantie
vaccination vaccinatie, de
vacuum cleaner stofzuiger,
  de
vagina vagina, de
valid geldig
valley vallei, de
valuable waardevol
valuables waardevolle
  zaken
value waarde
valve klep, de

van bestelwagen, de
vanilla vanille
vase vaas, de
VAT BTW
veal kalfsvlees, het
vegan veganist, de
  I'm vegan ik ben veganist
vegetables groente, de
vegetarian vegetariër, de
  I'm vegetarian ik ben
  vegetariër
vehicle vervoermiddel, het
vein ader, de
Velcro™ Velcro
velvet fluweel, het
vending machine
  automaat, de
venereal disease
  geslachtsziekte, de
venison hertevlees, het
ventilator ventilator, de
very zeer
vest hemd, het
vet dierenarts, de
via via
video video
to video (from TV) opnemen
video camera videocamera,
  de
video cassette
  videocassette, de
video game videospel, het

video phone videotelefoon, de

video recorder videorecorder, de

view uitzicht, het

village dorp, het

vinegar azijn, de

vineyard wijngaard, de

violet *(flower)* viooltje, het

viper adder, de

virus virus, het

visa visum, het

visit bezoek, het

to visit bezoeken

visiting hours *(hospital)* bezoekuren, de

visitor bezoeker, de

vitamin vitamine, de

vodka wodka, de

voice stem, de

volcano vulkaan, de

voltage voltage, de

to vomit overgeven

voucher bon, de

W

wage loon, het

waist middel, de

waistcoat vest, het

to wait for wachten op

waiter ober, kelner, de

waiting room wachtkamer, de

waitress serveerster, de

to wake up wakker worden

Wales Wales

to walk lopen

walk wandeling, de

walking boots wandelschoenen, de

walking stick wandelstok, de

wall muur, de

wallet portefeuille, de

walnut walnoot, de

to want willen
  I want... ik wil...
  we want... wij willen...

war oorlog, de

ward afdeling, de
  (person) pupil, de

wardrobe kleerkast, de

warehouse warenhuis, het

warm warm
  I'm warm ik heb het warm
  it's warm *(weather)* het is warm

to warm up opwarmen

warning triangle gevarendriehoek, de

wash: to have a wash zich wassen

W

to wash wassen

wash and blow-dry wassen en drogen

washbasin wasbak, de

washing machine wasmachine, de

washing powder waspoeder, het

washing-up bowl afwasteiltje, het

washing-up liquid afwasmiddel, het

wasp wesp, de

waste bin vuilnisbak, de

watch horloge, het

to watch kijken

watchstrap horlogebandje, het

water water, het
 bottled water gebotteld water, het
 cold water koud water, het
 drinking water drinkwater, het
 fresh water zoetwater, het
 hot water heet water, het
 mineral water mineraal water, het
 salt water zoutwater, het
 sparkling water spuitwater, het
 still water water zonder prik (koolzuur), het

waterfall waterval, de

water heater boiler, de

watermelon watermeloen, de

waterproof waterdicht

to waterski waterskiën

water sports watersport, de

waterwings zwemvleugels, de

waves golven, de

wax was, de

waxing *(hair removal)* ontharen

way *(path)* weg, de
 (manner) manier, de

way in *(entrance)* ingang, de

way out *(exit)* uitgang, de

weak zwak
 (tea, etc) slap

to wear dragen

weather weer, het

weather forecast weersverwachting, de

website website, de

wedding huwelijk, het

wedding anniversary huwelijksgedenkdag, de

wedding cake bruidstaart, de

wedding dress bruidsjurk, de

wedding present huwelijkscadeau, het

wedding ring trouwring, de
Wednesday woensdag
week week, de
last week vorige week
next week volgende week
per week per week
this week deze week
during the week gedurende de week/ door-de-week
weekday door-de-weekse dag
weekend weekend, het
next weekend volgend weekend
this weekend dit weekend
weekly wekelijks
weekly ticket weekkaart, de ; abonnement
to weigh wegen
weight gewicht, het
welcome welkom
well goed
he's not well hij voelt zich niet goed
well (for water) bron, de
well-done (steak) (goed) doorbakken
wellington boots rubberlaarzen, de
Welsh Wels
west west
wet nat
wetsuit duikerspak, het

what wat
what is it? wat is er?
wheat tarwe
wheel wiel, het
wheelchair rolstoel, de
wheel clamp parkeerklem, de
when? wanneer?
where? waar?
which: which is it? welke is het?
while terwijl
in a while over een poosje
whipped cream slagroom, de
whisky whisky, de
white wit
who: who is it? wie is daar?
whole heel
wholemeal bread volkorenbrood, het
whose van wie
whose is it? van wie is het?
why? waarom?
wide wijd
widow weduwe, de
widower weduwenaar, de
width wijdte, de ; breedte, de
wife echtgenote, de
wig pruik, de
to win winnen

wind wind, de
windmill windmolen, de
window raam, het
  (shop) etalage, de
windscreen voorruit, de
windscreen wipers
  ruitewissers, de
to windsurf windsurfen
windy winderig
  it's windy het is winderig
wine wijn, de
  red wine rode wijn, de
  white wine witte wijn, de
  rosé wine rosé
  dry wine droge wijn, de
  sweet wine zoete wijn, de
  sparkling wine
  mousserende wijn, de
  house wine huiswijn, de
  table wine tafelwijn, de
wine list wijnlijst, de
wing vleugel, de
wing mirror zijspiegel, de
winter winter, de
wire draad, de
  (electric) leiding, de
with met
  with ice met ijs
  with milk met melk
  with sugar met suiker
without milk zonder melk
  without sugar zonder
  suiker
  without ice zonder ijs

witness getuige, de
wolf wolf, de
woman vrouw, de
wonderful schitterend
wood hout, het
woods bossen, de
wool wol, de
word woord, het
to work (person, machine)
  werken
  it doesn't work hij doet
  het niet
work permit
  werkvergunning, de
world wereld, de
worldwide wereldwijd
worried bezorgd
worse slechter
worth: *it's worth...* het is ...
  waard
to wrap (parcel, etc)
  inpakken
wrapping paper pakpapier,
  het
wrinkles rimpels, de
wrist pols, de
to write schrijven
  please write it down
  schrijf het op, alstublieft
writing paper schrijfpapier,
  het
wrong verkeerd

X

x-ray röntgenstraal, de
to x-ray doorlichten

Y

yacht jacht, het
year jaar, het
  last year vorig jaar
  next year volgend jaar
  this year dit jaar
yearly jaarlijks
  twice yearly twee keer
  per jaar
yellow geel
Yellow Pages Gouden Gids, de
yes ja
yesterday gisteren
yet nog
  not yet nog niet
yoghurt yoghurt, de

plain yoghurt gewone yoghurt
yolk dooier, de
young jong
your *(singular)* jouw
  (plural) jullie
  your age jouw leeftijd
  your language jouw taal
  your (plural) language jullie taal
  your ages jullie leeftijden
youth hostel jeugdherberg, de

Z

zebra crossing zebrapad, het
zero nul
zip ritssluitings, de
zone zone, de
zoo dierentuin, de
zoom lens zoomlens, de

aal, de eel

aambeien, de haemorrhoids

aan on *(light, TV)*
  aan de beurt? when is it
  due?

aanbevelen to recommend

aanbod, het offer

aandoen to switch on *(light, radio, etc)*

aandrijfsnaar, de fan belt

aangeven to declare

aanhanger, de trailer

aank. arrival *(abbreviation)*

aankomen to arrive

aankomst, de arrival

aankondiging, de notice ; sign

aanproberen to try on *(clothes)*

aanraken to touch
  niet aanraken do not touch

aansluiting, de connection *(train, etc)*

aansteken to light .

aansteker, de lighter

aantrekkelijk attractive *(person)*

aap, de monkey

aardbeving, de earthquake

aardappel, de potato

aardbei, de strawberry

aarde, de earth

aardewerk, het pottery

aardig kind ; nice

abdij, de abbey

abrikoos, de apricot

accu, de battery

achter behind

achterlaten to leave behind

achternaam, de surname

achterruit, de back window

actueel current

ademhalen to breathe

ader, de vein

adres, het address

adresboek, het directory

advertentie, de advertisement

advies, het advice

adviseren, to advise

advocaat, de lawyer ; Dutch drink based on egg yolks

afdoen to turn off *(engine)*

afgeprijsd reduced

afmaken to finish

afslag, de exit *(motorway)*

afspraak, de appointment

after-shave, de aftershave

afwasmachine, de dishwasher

A

afwasmiddel, het washing-up liquid

afzender, de sender

agent, de policeman ; agent

agentschap, het agency

airconditioning, de air-conditioning

aktentas, de briefcase

al already

alarm, het alarm

alcohol, de alcohol

alcoholisch alcoholic

algemene feestdag, de public holiday

alle all ; every

allebei both

alleen alone

alleen just
 alleen twee just two

allergisch voor allergic to

alles everything

als when ; if

alsjeblieft please (informal)

alstublieft please (formal, polite)

altijd always

amandel, de almond

ambassade, de embassy

ambulance, de ambulance

Amerika America

Amerikaan American (person)

Amerikaans American

amusement, het entertainments

ananas, de pineapple

ander other
 de andere the other one

anders niets nothing else
 anders niets? anything else?

annuleren to cancel

antibiotisch antibiotic

antiseptisch antiseptic

antivriesmiddel, het antifreeze

antwoord, het answer

antwoorden to answer

apart separate

aperitief, het apéritif

appartement, het apartment

appel, de apple

appelwijn, de cider

april April

archief, het archives ; computer file

arm, de arm

armband, de bracelet

arresteren to arrest

artisjok, de artichoke

asbak, de ashtray

asperge, de asparagus

aspirine, de aspirin

astma, de asthma

a.u.b please *(abbreviation)*

aubergine, de aubergine

augustus August

Australië Australia

Australiër Australian
(person)

Australisch Australian

auteur, de author

auto, de car

autobus, de bus

automatisch automatic

autoweg, de motorway

autopech, het car break-
down

autosleutel, de car key

autoveerboot, de car ferry

autoweg, de motorway

avocado, de avocado

avond, de evening
's avonds in the evening

avondeten, het evening
meal

azijn, de vinegar

B

B-weg, de minor road

baan, de job

baas, de boss

baby, de baby

babyvoeding, de baby food

bacon, het bacon

bad, het bath

badkamer, de bathroom

badmuts, de bathing cap

bagage ophalen baggage
reclaim

bagage, de luggage

bagagelabel, de luggage
tag

bagagenet, het luggage
rack

bagagerek, het luggage
rack

bagageruimte, de car trunk

bagagewagentje, het
luggage trolley

bakker, de baker's

bal, de ball

balie, de (check-in) desk

balkon, het balcony

banaan, de banana

band, de band *(musical)* ;
tyre

bandrecorder, de tape-
recorder

bang frightened

bank, de bank

bar, de bar

batterij, de battery

bed, het bed

beddegoed, het bedding

bedelaar, de beggar

bedienen to serve

bediening, de service
(in restaurant)

bedieningsgeld, het
service charge

bedorven off (fruit and
vegetables)

bedrijf, het business
(company)

beeldhouwwerk, het
sculpture (object)

been, het bone ; leg

beet, de bite ; sting

beetje: een beetje a bit ;
a little

beginnen to begin

begraafplaats, de cemetery

begrafenis, de funeral

begrijpen to understand
(meaning)

beha, de bra

behalve except

beide either

bejaarde, de senior citizen

bekneld jammed

bel, de bell

belangrijk important

belangrijkste main ; most
important

belasting, de tax

belastingvrije winkel, de
duty-free shop

bellen press the bell (sign)

beneden down ; below

benedenverdieping, de
ground floor

bent u in orde? are you all
right?

benzine, de petrol

benzinestation, het petrol
station

beoordelen to judge

berg, de mountain

beroemd famous

beroven to rob

besmettelijk infectious

beste best

bestek, het cutlery

bestelauto, de van

bestellen to order

bestelling, de order
(in pub, restaurant)

bestuurder, de car driver

betaald paid

betalen to pay

betaling, de payment

betekenen to mean (signify)

beter better

betrouwbaar reliable
(method)

bevatten to contain

bevestigen to confirm

bewegen to move

bewolkt cloudy

bewusteloos unconscious

bezem, de broom

bezet occupied (toilet) ; engaged (phone)

bezoeken to visit

bezorgd worried

bibliotheek, de library

biefstuk, de steak

bier, het beer ; lager

bij at ; near

bijbetaling, de supplement (on train, etc)

bijna almost

bijsluiten to enclose

bijten to bite ; to sting

bijvoorbeeld for example

bikini, de bikini

binnen indoors

binnenbad, het indoor swimming pool

binnengaan to go in

binnenkomen to enter

bioscoop, de cinema

biscuitje, het biscuit

bitter bitter

blaar, de blister

blad, het leaf ; sheet (paper)

bladzijde, de page

blaffen to bark (dog)

blauw blue

bleek pale

bleekmiddel, het bleach

blijven to remain ; to stay

blik, het can ; tin

blikopener, de tin-opener

blinde blind (person)

blindedarmontsteking, de appendicitis

blocnote, de note pad

bloed, het blood

bloedgroep, de blood group

bloem, de flower ; flour

bloembol, de bulb

bloembollenvelden, de bulbfields

bloemkool, de cauliflower

blond blond ; fair (hair)

blouse, de blouse

boek, het book

boeken to book

boekwinkel, de bookshop

boer, de farmer

boerderij, de farm

boete, de fine (to be paid)

bof, de mumps

boiler, de boiler ; water heater

bol, de bulb (flower)

bollenveld, het bulb field

bont fur

boodschap, de message

B

boom, de tree
boomgaard, de orchard
boon, de bean
boos angry
boot, de boat
boottocht, de boat trip
bord, het dish ; plate ; sign
borst, de breast
borstel, de brush
bos, het wood (forest)
boter, de butter
bougie, de spark plug ;
  points (in car)
boven above ; upstairs ;
  over
bovenop on top of
bovenste top
braden roast
brand! fire!
brandblusser, de fire
  extinguisher
branden to burn
brandkast, de safe
brandstof, de fuel
brandweer, de fire brigade
breekbaar breakable
breien to knit
breken to break
brengen to bring ; to fetch
breuk, de fracture
bridge, het bridge (game)

brief, de letter
briefje, het note ; bank
  note
briefkaart, de postcard
brievenbus, de letterbox
bril, de glasses (spectacles)
Brits British
Britse pond, het sterling
  (pound)
broche, de brooch
brochure, de brochure
broek, de trousers
broer, de brother
brood, het bread ; loaf
broodje, het bun ; bread
  roll
brug, de bridge
bruin brown
BTW VAT
buigtang, de pliers
buiten outside ; outdoor
buitenbad, het outdoor
  pool
buik, de stomach
buitenlands foreign
buitenwijken, de outskirts ;
  suburbs
bus, de bus ; coach
bushalte, de bus stop
buskaartje, het bus ticket
busstation, het bus station

bustocht, de bus tour ; coach trip

buur, de neighbour

C

cabaret, het cabaret

cacao, de cocoa

cadeau, het gift ; present

cadeauwinkel, de gift shop

café, het café *(bar)*

cake, de cake

camcorder, de camcorder

camera, de camera

camping, de campsite

Canada Canada

Canadees Canadian

caravan, de caravan

carburateur, de carburettor

casino, het casino

cent euro cent *(1 euro = 100 euro cent)*

centimeter centimetre

centrum, het centre ; town centre

certificaat, het certificate

champagne, de champagne

champignon, de mushroom

cheque, de cheque

chequeboek, het cheque book

chequepas, de cheque card

chips, de crisps

chocolaatjes, de chocolates

chocolade, de chocolate

chocolademelk, de drinking chocolate

circus, het circus

citroen, de lemon

citroenthee, de lemon tea

cliënt, de client

club, de club

Coca Cola® Coke®

cocktail, de cocktail

coffeeshop, de coffee shop

cognac, de brandy

communie, de communion

compartiment, het compartment

computer, de computer

concert, het concert

conditioner, de conditioner

condoom, het condom

conducteur, de conductor *(on bus)* ; ticket collector

conferentie, de conference

consulaat, het consulate

contact, het socket ; ignition *(car)*

contactlens-schoon-maamiddel, het contact lens cleaner

C

contactlenzen, de contact lenses

contact opnemen met to contact

contant cash

controleren to check

controleur, de guard (on train)

conversatiezaal, de lounge (in hotel)

coupé, de train compartment

courgettes, de courgettes

couvert, het cover charge

creditcard, de credit card

crème, de cream (lotion)

cruise, de cruise

D

daar there

daarna afterwards

daarom therefore

dag, de day
  dag! goodbye! cheerio!

dagboek, het diary

dagelijks daily

dagkaart, de day ticket (public transport, etc)

dak, het roof

dame, de lady

dames ladies (toilet)

damesonderbroek, de panties

dampen, de fumes

dan than

dank je/u thank you (informal/formal)

dank je/u wel thank you very much (informal/formal)

dans, de dance

dansen to dance

das, de scarf (woollen)

dat that

datum, de date

de the

de heer (dhr) Mr

december December

deel, het part

Deens Danish

defect out of order (sign)

dekbed, het duvet

deken, de blanket ; quilt

deksel, het lid

dekstoel, de deck chair

delen to share

Denemarken Denmark

denken to think

deodorant, de deodorant

deposito, de deposit

derde third

details, de details

deur, de door
  deuren sluiten close the doors (sign)

deze these	doden to kill
deze keer this time	doek, de cloth *(rag)*
dezelfde same	doen to do
dia, de slide *(photograph)*	dokter, de doctor
diamant, de diamond	dollar, de dollar
diarree, de diarrhoea	dom stupid
dicht shut ; closed *(sign)*	dominee, de minister
dichtdraaien to close *(tap)*	*(church)*
die that ; those	donder, de thunder
dieet, het diet	donker dark
dief, de thief ; robber	donut, de doughnut
dienblad, het tray	dood dead
dienstregeling, de	dooi thaw
timetable	door through
diep deep	doorgebakken well done
diepvries, de deep freeze ;	*(steak)*
frozen food	doos, de box
dier, het animal	doperwten, de peas
dierentuin, de zoo	dorp, het village
diesel diesel	dorst, de thirst
dij, de thigh	douane, de customs
dik thick	*(at border)*
diner, het dinner	douche, de shower
dineren to have dinner	dozijn dozen
ding, het thing	draad, de thread ; lead
direct at once	*(electric)*
directeur, de director	draaien to turn ; to dial
(company)	dragen to carry ; to wear
disco, de disco	drank, de drink
dit this	dringend urgent
dochter, de daughter	drinken to drink
document, het document	

drinkwater, het drinking water
drogen to dry
drogist, de chemist's
dronken drunk
droog dry
druiven, de grapes
druk busy ; crowded
dubbel double
dubbelspel, het doubles (tennis)
duidelijk obvious
duiken to dive
duiker, de diver
Duits German
Duitsland Germany
duizelig dizzy
dun thin
duur expensive
duwen to push ; push (sign)
dynamo, de dynamo

E

eb, de low tide
echt genuine ; real
echtgenoot, de husband
echtgenote, de wife
editie, de edition
een a
één one

eend, de duck
éénpersoonsbed, het single bed
éénpersoonskamer, de single room
éénrichtingsverkeer one-way traffic
eens once
eergisteren the day before yesterday
eerste first
eerste hulp, de first aid
eerste klas, de first class
eerste verdieping, de first floor
eetkamer, de dining room
eetlepel, de tablespoon
eeuw, de century
EHBO first-aid post (sign)
ei, het egg
eieren, de eggs
eigenaar, de owner
eik, de oak
eiland, het island
einde, het end
eindigen to finish ; to end
eindpunt, het terminus
elastiek, het elastic
elastiekje, het rubber band
electricien, de electrician
elektriciteit, de electricity

elektriciteitsmeter, de electricity meter
elektrisch electric
electronisch electronic
emmer, de bucket
en and
Engeland England
Engels English
Engelse, de English woman
Engelsman, de Englishman
engelse sleutel, de adjustable spanner
enig only *(child)*
enige some
enkel single *(not double)*
enkele a few
enkele reis, de single journey *(train, etc)*
enkelspel, het singles *(tennis)*
enthousiast enthusiastic
envelop, de envelope
er there
    er is een misverstand there's been a misunderstanding
    er is/er zijn there is/there are
erg very
ernstig serious *(accident, etc)*
essentieel essential
etalage, de shop window

eten to eat
etiket, het label
euro euro
euro cent euro cent
Europa Europe
Europees European
Europese Unie, de European Union
examen, het examination
excursie, de excursion
expert, de expert
expres on purpose
exprespost express post
extra extra

F

fabriceren to manufacture
fabriek, de factory
faciliteiten, de facilities
factuur, de invoice
familie, de family *(large)*
fan, de fan *(cinema, jazz, etc)*
favoriet favourite
februari February
feest, het party *(celebration)*
fiets, de bicycle
fietsen to cycle
fietspad, het cycle path
fietspomp, de bicycle pump
fietstas, de bicycle bag

F

fietstocht, de cycle tour
fietsverhuur cycle hire *(sign)*
file, het file *(computer)*
file, de trafficjam
filet fillet
film, de film *(at cinema, for camera)*
filter, het filter
fit fit *(healthy)*
flat, de flat *(apartment)*
flauw faint
flauwgevallen fainted
fles, de bottle
flessenopener, de bottle opener
flippers, de flippers
fluitketel, de kettle
fluweel, het velvet
folie, de foil
fontein, de fountain
fooi, de tip *(to waiter, etc)*
forel, de trout
formulier, het form *(document)*
foto, de photograph
fotograferen to photograph
fotokopie, de photocopy
fotokopiëren to photocopy
fout, de the mistake

fout wrong *(incorrect)*
framboos, de raspberry
franje, de fringe
Frankrijk France
Frans French
fruit, het fruit

G

gaan to go
  ga linksaf turn left
  ga rechtsaf turn right
gallerie, de art gallery
gallerij, de gallery
gang, de course *(of meal)* ; aisle
gangpad, het aisle
gans, de goose
garage, de garage
garantie, de guarantee
garderobe, de cloakroom
garnaal, de prawn ; shrimp
gas, het gas
gashouder, de gas cylinder
gast, de guest
gat, het hole
gauw soon
gebak, het cake
gebakken fried
  gebakken ei, het fried egg

gebeuren to happen

geblesseerd injured *(sport)*

geblokkeerd blocked *(road, pipe)*

geboorte, de birth

geboortedatum, de date of birth

gebouw, het building

gebraden roast

gebroken broken

gebruiken to use

gebruind suntanned

gedetailleerd detailed

gedistilleerd water, het distilled water

gedurende during

geel yellow

geelzucht, de jaundice

geen none ; not any
geen ingang no entry *(sign)*
geen uitgang no exit *(sign)*

gegrild grilled

gehakt, het mince ; chopped

gehandicapt handicapped

geheel completely

geiser, de water boiler

geit, de goat

geitje, het kid *(young goat)*

gek mad

gekookt boiled

gekookt ei, het boiled egg

gelatine-pudding, de jelly *(dessert)*

geld, het cash ; money
geld inwerpen insert coins *(sign)*
geld terug change
gepast geld exact fare *(on buses, etc)*

geldig valid

geleden ago ; suffered

gelijk even ; right ; correct
gelijk hebben to be right

geloven to believe

geluidscassette, de cassette ; tape *(music)*

geluk hebben to be lucky

gelukkig happy ; lucky

gelukwensen! congratulations!

gemakkelijk easy

gember, de ginger

geneesmiddel, het drug *(medicinal)*

genieten to enjoy

genoeg enough

gepensioneerde, de pensioner

geperst squeezed

geperste sinaasappel fresh orange juice

geregistreerd registered

gereserveerd reserved

G

gerieflijk comfortable	giftig poisonous
gerookt smoked	gisteren yesterday
geroosterd grilled	glas, het glass *(for drinking, substance)*
gescheiden divorced	
gescheurd torn	glascontainer, de bottle bank
gesloten closed ; shut	
geest, de ghost	glimlach, de smile
gestoofd stewed	glimlachen to smile
gestreept striped	gloeilamp, de light bulb
getijde, het tide	glucose, de glucose
getrouwd married	goed good ; all right ; well
gevaar danger *(sign)*	goedmiddag good afternoon
gevaarlijk dangerous	goedmmorgen good morning
gevarendriehoek, de warning triangle *(car)*	goednacht good night
geven to give	goedenavond good evening
gevonden voorwerpen lost property *(sign)*	goedkoop cheap
gewend aan used to	goedkoper cheaper
ik ben gewend aan... I'm used to...	gokken gambling
	golf golf
gewicht, het weight	golf, de wave *(on sea)*
gewond injured	golfbaan, de golf course
gewoon usual	gootsteen, het sink
gewoonlijk usually	goud, het gold
gewoonten, de customs	gracht, de canal *(in town)*
gewricht, het joint *(bone)*	gram, het gram
gezelschap, het company	grap, de joke
gezicht, het face	grapefruit, de grapefruit
gezin, het family *(small)*	gras, het grass
gezwollen swollen	gratis free
gids, de guide	grens, de border

griep, de flu
grijs grey
groen green
groente, de vegetables
groep, de group ; party
grond, de ground
grondzeil, het groundsheet
groot big ; large ; tall ; great
Groot Brittannië Great Britain
grootmoeder, de grandmother
grootvader, de grandfather
grot, de cave
groter bigger
gum, het eraser
gymschoenen, de gym shoes

H

haar her
haar, het hair
haarborstel, de hairbrush
haardroger, de hairdryer
haarspeld, de hairgrip
haast hurry
  ik heb haast I'm in a hurry
hairspray, de hair spray
halen to fetch ; to bring ; to get

half half
halfvolle melk, de semi-skimmed milk
hallo hello
halssnoer, het necklace
ham, de ham
hand, de hand
handbagage, de hand luggage
handdoek, de towel
handschoenen, de gloves
handtas, de handbag
handtekening, de signature
hangslot, het padlock
hard hard ; loud
  hardgekookt ei, het hard-boiled egg
hardlopen to jog ; to run
haring, de herring ; tent peg
hart, het heart
hartaanval, de heart attack
hartelijke! congratulations!
hartig savoury *(not sweet)*
haven, de harbour ; port *(seaport)*
haver, de oats
hazelnoot, de hazelnut
hebben to have
heel whole ; quite
heer, de gentleman
heerlijk delicious

219

H

heet hot
heilige, de saint
helling, de ramp
help! help!
helpen to help
hemd, het vest
hengel, de fishing rod
heren gents (toilets)
herfst, de autumn
herhalen to repeat
herinneren to remember
herkennen to recognize
het the ; it
hetzelfde similar
heuvel, de hill
hier here
hij he
hoe how (in what way)
hoed, de hat
hoek, de corner
hoelang how long
hoest, de cough
hoesttabletten, de cough sweets
hoeveel? how much? ; how many?
hoge bloeddruk high blood pressure
hoi hi (informal greeting)
Holland Holland
hond, de dog

hondsdolheid, de rabies
hongerig hungry
honing, de honey
hoofd, het head
hoofdgerecht, het main course
hoofdpijn, de headache
hoofdstad, de capital (Amsterdam)
hoog high
hooikoorts, de hay fever
hopen to hope
horen to hear
horloge, het watch (on wrist)
horlogebandje, het watchstrap
hotel, het hotel
houden to hold ; to keep
houden van to like ; to love
hout, het wood (material)
huid, de skin
huis, het house ; home
huiswijn, de house wine
hulp, de help
huren to hire ; to rent
hutkoffer, de trunk (luggage)
huur, de rent
te huur to let (for rent)
huwelijk, het wedding
huwelijksreis, de honeymoon

I

ieder any ; each ; every
iedereen everyone
iemand someone
Ierland Ireland
Iers Irish
iets something
ijs, het ice ; ice cream
ijsbaan, de ice rink
ijslolly, de ice lolly
ijzel, de black ice
ijzer, het iron
ijzerwarenhandel, de ironmonger's
ik I
imperiaal, de roof-rack
in in ; inside ; into ; over
  in plaats van instead of
inchecken check in (at airport)
inclusief included
indigestie, de indigestion
inenting, de injection
informatie, de information
informatiekantoor, het information office
ingang, de entrance ; way in
inkt, de ink
inktvis, de octopus ; squid
inlichtingen enquiries
inpakken to wrap

inpakpapier, het wrapping paper
insect, het insect
insectenbeet, de insect bite
insectenbestrijdingsmiddel, het insect repellent
instapkaart, de boarding card
instappen to get in (vehicle)
instructeur, de instructor
insuline, de insulin
interessant interesting
Intercity, de intercity train
internationaal international
interview, het interview
introduceren to introduce
intypen to key in
invalide disabled
invullen to fill in (form)
inwisselen to change (money) ; to cash (cheque)
is is
Italiaans Italian
Italië Italy
ivoor, het ivory

J

ja yes
ja, alstublieft/graag yes, please

J

jaar, het year
jacht, het yacht
jaloers jealous
jam, de jam (food)
januari January
Japan Japan
Japans Japanese
jas, de coat
jashanger, de coat hanger
jasje, het jacket
jazz jazz
je you (sing. with friends)
jeans, de jeans
jenever, de Dutch gin
jeugdherberg, de youth hostel
jeuk, de itch
jij you (sing. with friends)
jol, de dinghy
jong young
jongen, de boy
joods Jewish
journalist, de journalist
juli July
jullie you (plural with friends)
juni June
jurk, de dress
juwelen, de jewellery
juwelier, de jeweller's

K

kaal bald (person)
kaart, de card ; map (of region)
kaartje, het ticket
kaartverkoop, de ticket sales ; box office
kaas, de cheese
kachel, de heater
kade, de quay
kalfsvlees, het veal
kalkoen, de turkey
kalm calm
kam, de comb
kamer, de room (in house, hotel)
kamerbediening, de room service
kamermeisje, het maid (in hotel)
kammossel, de scallop
kamp, het camp
kampeerauto, de camper (car)
kan ik...? can I...? ; may I...?
kanaal, het canal
kano, de canoe
kanoën canoeing
kans, de chance
kantoor, het office
kapel, de chapel

K

kapot broken down (machine, etc)

kapper, de barber's ; hairdresser

karaf, de carafe

karbonade, de chop (meat)

kassa, de cash desk ; till

kassabon, de receipt

kassier, de cashier (male)

kassière, de cashier (female)

kast, de cupboard

kastanje, de chestnut

kasteel, het castle

kat, de cat

kater, de hangover

kathedraal, de cathedral

katholiek Catholic

katje, het kitten

katoen, het cotton

kauwgom, de chewing gum

keel, de throat

keeltablet, het throat lozenge

kennel, de kennel

kennen to know ; to be acquainted with

kennis, de knowledge ; acquaintance

keren to turn

kerk, de church

kermis, de fair (funfair)

kers, de cherry

Kerstsmis Christmas

ketting, de chain

keuken, de kitchen

kies, de tooth (back)

kiespijn, de toothache

kiezel, de pebble

kijken (naar) to watch ; to look (at)

kilo, de kilo

kilometer, de kilometre

kind, het child

kinderbedje, het cot

kinderen, de children (infants)

kinderstoel, de high chair

kiosk, de kiosk

kip, de chicken

klaar ready ; finished

klaarmaken to prepare (incl. food) ; to get ready

klacht, de complaint

klagen to complain

klant, de client ; customer

kleden to dress (get dressed)

kleedkamer, de changing room (sport)

kleerhanger, de clothes peg

kleermaker, de tailor's

klein little ; small

K

kleiner smaller

kleingeld, het change (money) ; coins

kleren, de clothes

kleur, de colour

kleuterschool, de nursery school

klimmen to climb

klok, de clock

klompen, de clogs

klooster, het monastery

kloppen to knock ; knock (sign)

knie, de knee

knijper, de peg (for clothes)

knippen to cut

knoflook, de garlic

knolraap, de turnip

knoop, de button ; knot

koe, de cow

koekepan, de frying pan

koekje, het biscuit

koel cool

koelkast, de fridge

koers, de rate

koffer, de case ; suitcase

koffie, de coffee
koffie met melk white coffee
koffie zonder cafeïne decaffeinated coffee

kok, de cook

koken to boil ; to cook

kokosnoot, de coconut

komen to come
kom binnen! come in!

komkommer, de cucumber

konijn, het rabbit

koning, de king

koningin, de queen

koninklijk royal

kooktoestel, het cooker

kool, de cabbage

koorts, de fever

kop, de cup ; head (of animal)

kopen to buy

kopie, de copy

kopiëren to copy

kort short ; brief

korte broek, de shorts

korting, de reduction

kostbaar valuable

kostbaarheden, de valuables

kosten to cost

kosten, de charge (cost)

kostuum, het suit

koud cold

kousen, de stockings

kraan, de tap

krab, de crab

krant, de newspaper

DUTCH-ENGLISH

224

kreeft, de lobster
krent, de currant
krijgen to get ; to receive
krik, de jack (for car)
kruid, het herb
kruidenier, de grocer's
kruidnagel, de clove
kruik, de jug
kruising, de junction (road)
kruispunt, het crossroads
kunnen to be able
kunstgebit, het dentures
kurketrekker, de corkscrew
kus, de kiss
kussen to kiss
kussen, het pillow
kussensloop, het pillowcase
kust, de coast ; seaside
kustwacht, de coastguard
kwal, de jellyfish
kwaliteit, de quality

L

laag low ; shallow
laan, de lane
laars, de boot
laat late
ladder, de ladder

laken, het sheet (for bed)
lam, het lamb
lamp, de lamp
land, het country ; nation ; land
lang long ; tall ; large
langzaam slow ; slowly
later later
lawaai, het noise
laxeermiddel, het laxative
leeftijd, de age
leeg empty
leer, het leather
legende, de legend
leiden to guide
leider, de leader
lek, het leak (of gas, liquid, tyre, in roof)
lenen to lend ; to borrow
lengte, de length
lens, de lens (photographic)
lente, de spring (season)
lepel, de spoon
leraar, de teacher (male)
lerares, de teacher (female)
leren to learn ; to teach
les, de lesson
letter, de letter (of alphabet)
leuk nice ; funny (amusing)

leunstoel, de armchair
leven to live
leven, het life
lever, de liver
lezen to read
licht light
lichtblauw light blue
lid, het member (of club, etc)
lied, het song
lief lovely
liefde, de love
liegen to lie
lieve dear
lift, de lift
liften hitchhike
liggen to lie down
lijfwacht, de lifeguard
lijken to seem
lijm, de glue
lijn, de line
lijnvlucht, de scheduled flight
lijst, de list
likeur, de liqueur
limoen, de lime (fruit)
limonade, de lemonade
liniaal, de ruler (measuring)
links left
linksaf gaan turn left

lippenstift, de lipstick
lippenzalf, de lip salve
liter litre
loge, de box (in theatre)
lokale local (wine, speciality)
loket, het window (ticket office) ; counter
lolly, de lollipop
Londen London
loodgieter, de plumber
loodvrije benzine, de unleaded petrol
loon, het wage
lopen to walk
losmaken to unfasten
losschroeven to unscrew
lotion, de lotion
luchtdruk, de tyre pressure
luchtmatras, de air-mattress
luchtpost, de air mail
luchtvaartmaatschappij, de airline
lucifers, de matches
lui lazy
luid loud
luier, de nappy
luik, het shutter (on window)
luisteren to listen to
lunch, de lunch

lunchpakket, het packed lunch

luxe, de luxury

M

maag, de stomach

maaltijd, de meal

maan, de moon

maand, de month

maandverband, het sanitary towels

maar but

maart March

maat, de size

macaroni, de macaroni

machine, de machine

mager skimmed *(milk, etc)*

make-up, de make-up

maken to make *(generally)*

makreel, de mackerel

man, de man

manager, de manager

mand, de basket

manier, de way *(manner)*

mannelijk male

mannen, de men

margarine, de margarine

marine blauw navy blue

markt, de market

marmelade, de marmalade

marmer, het marble

marsepein, de marzipan

mast, de mast

materiaal, het material

mayonaise, de mayonnaise

mazelen, de measles

mechanicien, de car mechanic

mechanisch mechanic

medicijn, het medicine

meenemen to take out ; to take along

meer more

meer, het lake

meeste most

mei May

meisje, het girl

meisjesnaam, de maiden name

mejuffrouw Miss

melk, de milk

meloen, de melon

mengen to mix

mengsel, het mixture

mening, de opinion

mens, de human being

mensheid, de mankind

menstruatie, de period *(menstruation)*

menu, het menu

merk, het brand *(of cigarettes, etc)*

M

mes, het knife
mesje, het blade (shaving)
met with
metalen, de metal
meten to measure
meter metre
meter, de meter
metro, de underground (metro)
meubelen, de furniture
mevrouw (mevr.) Mrs
middag, de afternoon
middel, de waist
middelen, de means
midden middle ; medium
middernacht midnight
migraine, de migraine
mijl, de mile
mijnheer Mr ; Sir ; Mister
miljoen million
milkshake, de milkshake
millimeter millimetre
minder less
mineraalwater, het mineral water
minimum, het minimum
minst least
minuut, de minute
mis, de mass (in church)
missen miss (train, etc)
mist, de fog

mistig foggy
misverstand, het misunderstanding
modder, de mud
modern modern
modieus fashionable
moe tired
moeder, de mother
moeilijk difficult
moeilijkheden, de trouble
moer, de nut (for bolt)
moersleutel, de spanner
mogelijk possible
molen, de mill ; windmill
moment, het moment
mond, de mouth
monster, het sample
monument, het monument
mooi beautiful ; fine ; pretty
morgen tomorrow
morgen, de morning
  morgenavond tomorrow evening
  morgenmiddag tomorrow afternoon
  morgenochtend tomorrow morning
mossel, de mussel
mosterd, de mustard
mot, de moth (clothes)
motor, de engine ; motor

motorboot, de motor boat

motorfiets, de motor cycle

mousserend fizzy

muis, de mouse

munt, de coin ; mint (herb)

muntgeld, het coins

museum, het museum

muskiet, de mosquito

muur, de wall

muziek, de music

N

na after

naakt naked ; nude

naald, de needle

naam, de name

naar beneden gaan to go downstairs

naar to

naast beside

nacht, de night

nachtclub, de night club

nachtjapon, de nightdress

nagel, de fingernail

nagerecht, het dessert

najaar, het autumn

namaak fake

nat wet

 natte verf wet paint

nationaliteit, de nationality

nauw narrow

Nederland Netherlands, the

Nederlander, de Dutchman

Nederlands Dutch

Nederlandse, de Dutch woman

nee no

neef, de cousin (male) ; nephew

negatief, het negative (photography)

nek, de neck

nemen to catch (bus, etc) ; to take

nest, het nest

netnummer, het dialling code

neus, de nose

nicht, de cousin (female) ; niece

niemand nobody

nieren, de kidneys

niet not

niets nothing

nieuw new

Nieuw Zeeland New Zealand

Nieuwjaar New Year

nieuws, het news

nodig necessary

nog still ; yet

noodgeval, het emergency

nooduitgang, de emergency exit

nooit never

noord north

Noord-Ierland Northern Ireland

nootmuskaat, de nutmeg

november November

nu now

nuchter sober

nul zero

nummer, het number

nummerbord, het number plate (on car)

nuttig useful

O

ober, de waiter

oberkelner, de head waiter

oefenboek, het exercise book

oester, de oyster

of or

ogenblik, het moment

o.k. OK (agreed) ; good ; well

oktober October

olie, de oil

oliefilter, het oil filter

olienoot, de peanut

olijfolie, de olive oil

olijven, de olives

omelet, de omelette

omgeven door surrounded by

omleiding, de bypass

omverrijden to knock down (car)

omweg, de detour

oncomfortabel uncomfortable

onder below ; under

onderbreking, de stopover

onderbroek, de knickers ; underpants

onderdak, het accommodation

onderdeel, het item

onderdoorgang, de underpass

ondergoed, het underwear

ondersteboven upside down

ondertekenen to sign

oneven odd

ongeluk, het accident ; crash ; bad luck

ongelukkig unhappy

ongetrouwd single (unmarried)

ongeveer approximately

onmiddellijk immediately

onmogelijk impossible

ons (onze) our

ons, het Dutch ounce ; 100 g

ontbijt, het breakfast

ontdooien to defrost

ontmoeten to meet

ontmoeting, de meeting

ontsmettingsmiddel, het disinfectant

ontsteking, de ignition

ontwikkelen to develop

onweer, het lightning

onweersbui, de thunderstorm

oog, het eye

ooglid, het eyelash

ook also ; too

oom, de uncle

oor, het ear

oorbellen, de earrings

oorlog, de war

oorpijn, de earache

oost east

op up ; on ; above

opbellen to phone ; to ring

opeens suddenly

open open

openbaar public

opendraaien to open (tap)

openen to open

opera, de opera

opgewonden excited

oppas, de babysitter

oppassen to mind ; to be careful

oproepen to call

opschieten to hurry up

optillen to lift (weight)

opwindend exciting

oranje orange (colour)

organiseren to organize

oud old

ouders, de parents

oven, de oven

over in ; over ; about (relating to)

overhemd, het shirt

overjas, de overcoat

overmorgen the day after tomorrow

overtreding, de offence (crime)

overweg, de level crossing

P

p.a. care of ; c/o

paar, het pair ; couple (2 people)

paard, het horse

paars purple

pad, het path

pak, het pack (luggage) ; suit

pakken to take ; to grab ; to pack
pak maar just take it

pakje, het packet ; parcel

pakpapier, het wrapping paper

paleis, het palace

paling, de eel

pan, de pan

pannekoek, de pancake

panties, de tights

papier, het paper

paprika, de pepper (vegetable)

paraffine, de paraffin

paraplu, de umbrella

pardon! excuse me!

pardon? pardon?

parfum, het perfume

park, het park

parkeerplaats, de car park ; parking space

parkeerschijf, de parking disk

parkeren to park

Pasen Easter

paskamer, de changing room (shop)

paspoortcontrole, de passport control

paspoort, het passport

passagier, de passenger

passen to fit (clothes)

pasta, de pasta

pastei, de pastry (meat pie)

patat, de chips

paté, de pâté

pauze, de interval (theatre)

peen, de carrot

peer, de pear

pen, de pen

penicilline, de penicillin

pension, het boarding house ; guesthouse

peper, de pepper (spice)

pepermuntje, het peppermint (sweet)

per by ; per

perfect perfect

permanent, het perm

perron, het platform (train)

persoon, de person

perzik, de peach

peterselie, de parsley

picknick, de picnic

pijn, de pain ; ache

pijnlijk painful

pijnstiller, de painkiller

pijp, de pipe (smoker's)

pikant spicy

pil, de pill

pils pilsner ; lager

pinchet, het tweezers

pinda, de peanut

plaat, de record *(music)*

plak, de slice *(of ham)*

plakband, het adhesive tape ; Sellotape®

plastic plastic

plat flat ; level

plattegrond, de map ; plan

platteland, het countryside *(not town)*

plein, het square *(in town)*

pleister, de plaster ; sticking plaster

poederkoffie, de instant coffee

poedermelk, de powdered milk

politie, de police

politiebureau, het police station

pond, het Britse pound *(money)*

pond, het Dutch pound *(weight)* ; 0.5 kilo

pont, de ferry

pop, de doll ; puppet

popmuziek, de pop music

port, de port *(wine)*

portefeuille, de wallet

portemonnaie, de purse

portier, de porter

portret, het portrait

Portugal Portugal

Portugees Portuguese

postbus PO Box

postcode, de postcode

posten to post

postkantoor, het post office

postzegel, de stamp *(postage)*

pot, de jar *(container)* ; pot *(for cooking)*

potlood, het pencil

praten to talk

precies exact

prefereren to prefer

prei, de leek

prestatie, de performance

priester, de priest

prijs, de price ; prize

prijslijst, de price list

prins, de prince

prinses, de princess

privé private

proberen to try *(attempt)*

probleem, het problem

producent, de producer *(TV, film)*

proeven to taste

programma, het programme

proost! cheers!

protestant Protestant

pruim, de plum ; prune

pudding, de pudding
pullover, de pullover
pyjama, de pyjamas

R

raam, het window
raar strange ; silly
rabarber, de rhubarb
radijsjes, de radishes
radio, de radio
raken to hit
ras, het race
rat, de rat
rauw raw
realiseren to realise
recent recent
recentelijk recently
recept, het prescription ;
  recipe
receptie, de reception
  (desk)
recht straight
rechtdoor straight on
rechts right (side)
rechtsaf gaan turn right
rechtstreeks direct (train,
  etc)
redden to save
reddingsboot, de lifeboat
reddingsvest, het life
  jacket

reden, de reason
regelen to arrange
regen, de rain
regenjas, de raincoat
regenkleding, de
  rainclothes
registreren to register
  (at hotel)
reis, de journey ; trip
reisbureau, het travel
  agent
reisgids, de guidebook
reizen to travel
rekenen to charge (money)
rekening, de bill ; invoice
rekenmachine, de
  calculator
relatie, de relation (family)
relaxen to relax
rem, de brake
remvloeistof, de brake
  fluid
reparatiewagen, de
  breakdown van
repareren to repair
reserve reserve ; spare
reserveren to book ;
  to reserve
reservering, de booking
residentie, de seat of
  government (residence),
  The Hague
reiskosten, de fare

restaurant, het restaurant

restauratie, de buffet

restauratiewagen, de buffet car

retour, het return ticket

reuk, de smell

reumatiek, de arthritis

riem, de belt

rietje, het straw *(for drinking)*

rij, de line ; row ; queue

rijbewijs, het driving licence

rijden to drive ; to ride

rijk rich *(person, etc)*

rijksweg, de motorway, national road

rijomstandigheden, de road conditions

rijp ripe

rijst, de rice

rijstrook, de carriage *(of motorway)*

rijtuig, het carriage *(train)*

ring, de ring *(wedding)*

riolering, de drains *(sewage system)*

ritssluiting, de zip

rivier, de river

rode bes, de redcurrant

rode biet, de beetroot

rode hond, de German measles

roeiboot, de rowing boat

roeien to row *(boat)*

roeiriem, de oar

roepen to call *(shout)*

roer, het rudder

roereieren, de scrambled eggs

roestig rusty

roggebrood, het rye bread

roken to smoke

rolstoel, de pushchair ; wheelchair

roltrap, de escalator

roman, de novel

rond round *(shape)*

rondgang, de guided tour

rondkijken to browse

rondleiding, de guided tour *(in museum, etc)*

röntgenstralen, de X-rays

rood red

rook, de smoke

room, de cream *(on milk)*

roos, de rose

roosteren to roast

rose pink

rosé rosé *(wine)*

rot rotten *(fruit, etc)*

rotonde, de roundabout *(traffic)*

route, de route

rozijn, de raisin

rubber rubber *(material)*
rubberboot, de dinghy *(rubber)*
rug, de back *(of body)*
rugzak, de backpack ; rucksack
ruiken to smell
ruimte, de space
ruïne, de ruins
rum, de rum
rundvlees, het beef
rust, de rest *(repose)*
rusten to rest
ruw rough *(sea)*
ruzie, de quarrel

S

salade, de salad
samen together
sandalen, de sandals
sandwich, de sandwich
sap, het juice
sardine, de sardine
sauna, de sauna
saus, de dressing *(for food)* ; sauce
schaaldieren, de shellfish
schaap, het sheep
schaar, de scissors
schaatsen skating
schaatsen, de skates

schade, de damage
schaduw, de shade
schakelaar, de switch
schapevlees, het mutton
scheercrème, de shaving cream
scheermes, het razor
scheermesjes, de razor blades
schenken to pour
scheren to shave
scheur, de tear *(in material)*
schieten to shoot
schikken to suit
schilderij, het painting
schillen to peel *(fruit)*
schip, het ship
schoen, de shoe
schoenpoetsmiddel, het polish *(for shoes)*
schoenveters, de laces *(of shoe)*
schok, de shock
schokdemper, de shock absorber
schommel, de swing *(children's)*
school, de school
schoon clean
schoonheidsmiddelen, de cosmetics
schoonmaakmiddel, het cleansing material

schoonmaken to clean

schoonmoeder, de mother-in-law

schoonvader, de father-in-law

schop, de spade

schoppen to kick

schotel, de saucer

Schotland Scotland

Schots Scottish

schreeuwen to shout

schrijfpapier, het writing paper

schrijfwarenhandel, de stationer's

schrijven to write

schroef, de screw

schroevendraaier, de screwdriver

schuimgebak, het meringue

schuld fault, guilt

schutting, de fence

score, de score

scoren to score (goal)

seizoenkaart, de season ticket

selderie, de celery

september September

serie, de series

serieus serious (person)

serveerster, de waitress

servet, het napkin

shampoo, de shampoo

shandy, het shandy

sherry, de sherry

shirt, het jersey (football)

show, de show

sigaar, de cigar

sigarenwinkel, de tobacconist's

sigaret, de cigarette

simpel simple

sinaasappel, de orange

sinaasappelsap, het orange juice (fresh)

sjaal, de scarf

sla, de lettuce

slaapkamer, de bedroom

slaappil, de sleeping pill

slaapwagen, de couchette ; sleeper (on train)

slaapzak, de sleeping bag

slager, de butcher's

slang, de hose

slap weak

slapen to sleep

slecht bad (weather, news)

slechter worse

slechts only

slee, de sledge

sleepkabel, de tow rope

slepen to tow

sleutel, de key

sleutelhanger, de key-ring

slijter, de off-license shop

slikken to swallow

slipper, de slipper

slot, het lock (on door, box)

sluiten to shut

smaak, de flavour ; taste

smaken to taste (good or bad)

smelten to melt

snackbar, de snack bar ; chip shop

snee, de cut ; slice (of bread)

sneeuw, de snow

sneeuwen to snow

snel fast

snelheid, de speed

snelheidslimiet, de speed limit

sneltrein, de fast train ; express train

snijbonen, de french beans

snijden to cut

snoep, het sweets

snor, de moustache

snorkel, de snorkel

sober sober

soda, het soda

soep, de soup

sokken, de socks

soms sometimes

soort, het kind (sort, type)

sorry sorry

souvenir, het souvenir

Spaanse peper, de chilli

sparen to save (money)

speciaal special

specialiteit, de speciality

speelgoed, het toy

speelkamer, de playroom

speen, de teat ; dummy (for baby)

spek, het bacon

spel, het game ; play

speld, de pin

spellen to spell

spiegel, de mirror

spier, de muscle

spijker, de nail (metal)

spinazie, de spinach

spitsuur, het rush hour

splitsing, de junction (in road)

spoel, de reel

spons, de sponge

spoor, het platform (train)

spoorweg, de railway

sport, de sport

sprankelend sparkling

spreken to speak

springen to jump

spruiten, de Brussels sprouts

spuwen to spit

squash squash *(game)*

staart, de tail

stad, de city ; town

stadhuis, het town hall

staking, de strike

stalles, de stalls *(theatre)*

starten to start *(car)*

startkabel, de jump leads

station, het station *(railway, bus)*

steelpan, de saucepan

steen, de stone

steken to sting

stekker, de plug *(electrical)*

stem, de voice

ster, de star

sterk strong

sterke drank spirits *(drink)*

steward, de steward *(on plane)*

stewardess, de stewardess *(on plane)*

stier, de bull

stijl style ; steep

stil silent ; quiet *(place)*

stilte, de silence

stoel, de chair

stoep, de pavement

stof, de fabric ; material *(cloth)*

stof, het dust

stofzuiger, de vacuum cleaner

stomerij, de dry-cleaner's

stoofpot, de stew

stop stop

stop, de stopper *(for sink)*

stoptrein, de slow train

storm, de storm

straat, de street

strand, het beach

streng verboden... strictly forbidden... *(sign)*

strijken to iron

strijkijzer, het iron *(for clothes)*

strippenkaart, de public transport ticket *(for several trips)*

stropdas, de tie

student, de student

stug tough *(meat)*

stuk broken

stuk, het piece ; play *(theatre)*

sturen to send

succes, het success

suède, het suede

suiker, de sugar

suikerziekte, de diabetes

supermarkt, de supermarket
supporter, de fan *(football)*
surfplank, de surfboard
s.v.p. please *(abbreviation)*
synagoge, de synagogue

T

T-shirt, het teeshirt
taal, de language
taart, de cake
tabak, de tobacco
tablet, het tablet
tafel, de table
tafellaken, het tablecloth
tafelkleed, het tablecloth
tafelwijn, de table wine
talk, de talc
tam tame
tampons, de tampons
tand, de tooth
tandarts, de dentist
tanden, de teeth
tandenborstel, de toothbrush
tandestoker, de toothpick
tandpasta, de toothpaste
tangetje, het tweezers
tante, de aunt
tapijt, het carpet

tarief, de price list
tas, de bag
taxi, de taxi
taxichauffeur, de taxi driver
taxistandplaats, de taxi rank
te at ; to ; in ; too
   te huur to let
   te koop for sale
teveel too much ; too many
team, het team
teen, de toe
teentje, het clove *(garlic)*
tegen against
tegenkomen to meet
tegenover opposite
tekst, de text
telefoniste, de operator *(phone, female)*
telefoon, de telephone
telefoonboek, het telephone directory
telefooncel, de telephone box
telefoongesprek, het telephone call/ conversation
televisie, de television
temperatuur, de temperature
tenminste at least

tennis tennis

tennisbal, de tennis ball

tennisracket, het tennis racket

tennisveld, het tennis court

tent, de tent

tentoonstelling, de exhibition

terras, het terrace

terugbetalen to refund

teruggaan to go back ; to return (somewhere)

teruggeven to give back ; to return (something)

terugkomen to come back

terwijl while

tevreden pleased

theater, het theatre

thee, de tea

theedoek, de tea towel

theelepel, de teaspoon

theepot, de teapot

theezakje, het teabag

thermometer, de thermometer

thermosfles, de flask (thermos)

thuis at home

tijd, de time

tijdelijk temporary

tijdens during

tijdschrift, het magazine

toast, de toast

tocht, de draught (air)

toegangsgeld, het entrance fee

toegangsprijs, de admission charge

toelaten to let (allow)

toen then

toerist, de tourist

toeristenkaart, de tourist ticket

toeslag, de supplement (to pay)

toestaan to allow

toestel, het extension (phone)

toetsenbord, het keyboard

toilet, het toilet

toiletpapier, het toilet paper

tol, de toll

tolk, de interpreter

tomaat, de tomato

tomatensap, de tomato juice

tomatensaus, de tomato sauce

tonen to show

tong, de tongue

tonic, de tonic water

tonijn, de tuna

top, de top (of hill)

T

toren, de tower
tosti, de toasted sandwich
tot till ; until
totaal, het total
tour, de tour *(trip)*
touw, het rope
touwtje, het string
traan, de tear *(crying)*
traditioneel traditional
trainingsschoenen, de
  training shoes
tram, de tram
transformator, de adaptor
  (electrical)
trap, de stairs
travellercheque, de
  traveller's cheque
trein, de train
trekken to pull ; pull *(sign
  on door)*
trouwen to marry *(get
  married to)*
trui, de jersey ; sweater
tuin, de garden
tunnel, de tunnel
tussen between
tv, de TV
tweede second
tweede klas second class
tweepersoonsbed, het
  double bed

tweepersoonskamer, de
  double room
typen to type
typisch typical

U

u you *(polite, sing. and plural)*
ui, de onion
uit out ; exit ; off *(machine,
  etc)*
uitdoen to switch off ;
  to turn off
uitgang, de exit ; gate
  (airport)
uitleggen to explain
uitmuntend excellent
uitnodigen to invite
uitnodiging, de invitation
uitpakken to unpack
uitrusting, de equipment
uitslag, de rash *(on skin)*
uitspreken to pronounce
uitstappen to get off *(bus,
  metro, etc)*
uitvaren to sail *(leave port)*
uitverkocht sold out
uitverkoop, de sale
uitzicht, het view *(panorama)*
universiteit, de university
urine, de urine
uur, het hour

V

vaak frequent ; often
vaas, de vase
vader, de father
vakantie, de holiday
valhelm, de crash helmet
vallei, de valley
vallen to fall
van of ; from
vanavond tonight
vandaag today
vanmiddag this afternoon
vanmorgen this morning
vannacht tonight
vanochtend this morning
varkensvlees, het pork
vast tight ; stuck
vechten to fight
veel much ; many ; a lot of
veer, de feather
veer, het ferry
vegetariër, de vegetarian
(person)
vegetarisch vegetarian
veilig safe
veiligheidsspeld, de safety
pin
veld, het field
ventilator, de fan *(electric)* ;
ventilator
ver far

verandering, de change
(alteration)
verband, het bandage
verbod, het prohibition
verboden prohibited
verboden doorgang
no thoroughfare
verboden toegang
private ; no trespassers
verdienen to earn
verdieping, de floor
(of building) ; storey
verdoving, de anaesthetic
verdrietig sad
verdrinken to drown
Verenigde Naties, de
United Nations
Verenigde Staten, de
United States
vergadering, de meeting
(to dicuss)
vergeten to forget
vergeven to forgive
vergiet, het colander
vergoeden to reimburse
vergunning, de licence ;
permit
verhuren to hire out
verjaardag, de birthday
verjaardagsfeest, het
birthday party
verjaardagskaart, de
birthday card

verkeer, het traffic

verkeerd wrong

verkeerslichten, de traffic lights

verkeersbord, het traffic sign *(road)*

verkopen to sell

verkoopster, de saleswoman

verkoper, de salesman

verkwisten to waste *(money)*

verliezen to lose

verloofd engaged *(to be married)*

verloofde, de fiancé(e)

verlopen to expire *(ticket, passport)*

verloren lost *(object)*

vermijden to avoid

vermist missing *(person, thing)*

vermouth, de vermouth

verontschuldigen to excuse

veroorzaken to cause

verpleegster, de nurse *(female)*

verpleger, de nurse *(male)*

verplicht compulsory

verrassing, de surprise

verrekijker, de binoculars

verscheidene several

verschillend different

verschrikkelijk awful

verschuldigd zijn to owe

vers fresh *(food)*

versleten worn *(tyre)*

versnellen to accelerate

versnellingen, de gears

verspillen to waste *(time)*

verstaan to understand *(hear)*

verstand, het mind

verstopt constipated ; blocked

vertalen to translate

vertaler, de translator ; interpreter

vertaling, de translation

vertellen to tell

vertr. departure *(abbreviation)*

vertragen to delay

vertraging, de delay ; hold-up *(traffic jam)*

vertrek, het departure

vertrekhal, de departure lounge

vertrekken to set off *(on journey)*

vervelend boring

vervuild polluted

verwachten to expect
in verwachting zijn to be pregnant

V

verwarming, de heating
verzekeren to insure
verzekering, de insurance
verzekeringsbewijs, het insurance certificate
verzekeringskaart, de green card
verzoeke te... you are requested to...
vest, het cardigan
vet fat ; greasy ; rich (food)
via by (via)
video, de video
videocamera, de video camera
vijl, de file (nail)
villa, de villa
viltstift, de felt-tip pen
vinger, de finger
vis, de fish
vissen to fish
visum, het visa
vitamine, de vitamin
vla, de custard
vlakbij close by ; near
vlees, het meat
vlek, de mark (stain)
vleugelboot, de hydrofoil
vlieg, de fly
vliegenpapier, het fly sheet
vliegveld, het airport

vlinder, de butterfly
vloed, de flood ; high tide
vloer, de floor (of room)
vloerbedekking, de fitted carpets
vloerkleed, het rug
vlooi, de flea
vlucht, de flight
vluchtnummer, het flight number
vluchtstrook, de layby
vlug quick
VN UN
vochthoudend moist
vochtig damp
voeden to feed
voedsel, het food
voedselvergiftiging, de food poisoning
voelen to feel
voet, de foot
voetbal football
voetganger, de pedestrian
vogel, de bird
vol full
  vol pension full board
volgen follow
volgende next
volgens according
volkorenbrood, het wholemeal bread
volmaken to fill

DUTCH-ENGLISH

245

voltage voltage

volwassene, de adult

voor before (time) ; in front of ; for

vooravond early evening ; eve

voorbeeld, het example

voorbehoedsmiddel, het contraceptive

voorbereiden to prepare

voorgerecht, het starter (meal)

voorjaar, het spring

voornaam, de first name

voorrang, de priority ; right of way
geef voorrang give way
rechts heeft voorrang give way to traffic from right

voorrangsweg, de major road

voorruit, de windscreen (car)

voorschrift, het regulation

voorstelling, de show (musical)

vooruit in advance

voorzichtig careful

vorig last

vorst, de frost ; monarch

vouwen to fold

vraag, de question

vrachtauto, de lorry

vragen to ask (for something)

vreemd strange

vriend, de boyfriend ; friend (male)

vriendin, de girlfriend ; friend (female)

vrieskast, de freezer

vrij free (not occupied) ; vacant

vrijgezel, de bachelor

vroeg early

vroeger earlier

vrolijk merry ; jolly

vrouw, de woman

vrouwelijk feminine

vruchten, de fruits

vruchtensalade, de fruit salad

vruchtentaart, de pie (fruit)

vruchtesap, het fruit juice

VS USA

vuil dirty

vuilnis, het litter ; rubbish

vuilnisbak, de waste bin

vullen to fill

vulling, de stuffing ; filling (tooth) ; refill (for pen)

vuur, het fire

vuurtje, het light

vuurwerk, het fireworks

VVV tourist information office

W

waaier, de fan (paper)

waar true ; where

waarborgsom, de deposit

waard worth ; landlord

waarheid, de truth

waarom why

waarschuwing, de warning

wachten op to wait for

wachtkamer, de waiting room

wad, het mudflat

Waddeneilanden, de West Frisian islands

wagen, de car ; carriage (railway)

wagentje, het trolley

Wales Wales

walnoot, de walnut

wandelen to walk

wandeling, de walk

wandelstok, de walking stick

wanneer when ; if

warenhuis, het department store

warm warm

was, de washing (laundry) ; wax

waskom, de washbasin

wasmachine, de washing machine

wasmiddel, het detergent

waspoeder, het washing powder

wassen to wash

wasserij, de launderette

wat? what?

water, het water

watermeloen, de watermelon

waterpokken, de chickenpox

waterproef waterproof

waterskiën water-skiing

waterval, de waterfall

watten, de cotton wool

wc, de toilet

we we

wedstrijd, de match (game)

week, de week

weekeinde, het weekend

weer again

weer, het weather

wees voorzichtig! be careful!

weg, de road ; path ; route

wegenkaart, de road map

wegomlegging, de diversion (diverted traffic)

wei, de meadow

weinig little (few)

wekker, de alarm clock

welk which

welkom welcome

Wels Welsh

welterusten! good night! ; sleep well!

werkdag, de weekday

werken to work

werkloos unemployed

werkzaamheden (road) works

wesp, de wasp

west west

weten to know (facts)

whisky, de whisky

wie who

wiel, het wheel

wij we

wijd wide

wijn, de wine

wijnlijst, de wine list

willen to want

wind, de wind

winderig windy

windmolen, de windmill

windsurfen windsurfing

winkel, de shop

winkelbediende, de shop assistant

winkelen shopping

winter, de winter

wisselen to change ; to exchange

wisselkantoor, het bureau de change

wisselkoers, de exchange rate

wit white

witte boon, de kidney bean

wodka, de vodka

wol, de wool

wolken, de clouds

wond, de wound ; injury

wonen to live (in town)

woonkamer, de living room

woord, het word

woordenboek, het dictionary

worst, de sausage

worsteling, de struggle

woud, het forest ; wood

Y

yoghurt, de yoghurt

Z

zacht soft (not hard, smooth)
zagen to sew
zakdoek, de handkerchief
zaken, de business (general)
zaklamp, de torch
zakmes, het penknife
zalf, de ointment
zalm, de salmon
zand, het sand
ze she ; they
zee, de sea
zeep, de soap
zeeppoeder, het soap powder
zeer sore (pain) ; very (old, new)
zeeziek seasick
zeggen to say
zeilboot, de sailboat
zeilen sailing (sport)
zeker certain ; sure
zekering, de fuse
zeldzaam rare (unique)
zelfbediening self-service
zenuwinstorting, de nervous breakdown
zetten to put
zich oneself
ziek sick ; ill
ziekenhuis, het hospital

zien see
zij she ; they
zijde, de silk
zijkant, de side
zilver, het silver (metal)
zilverpapier, het tinfoil
zingen to sing
zitplaats, de seat (in bus, train)
zitten to sit
zo so
zoals like
zoeken to look for
zoen, de kiss
zoenen to kiss
zoet sweet (not savoury)
zoetmaker, de sweetener
zomer, de summer
zon, de sun
zonder without
zonnebaden to sunbathe
zonnebrand sunburn
zonnebrandlotion, de suntan lotion
zonnebril, de sunglasses
zonnesteek, de sunstroke
zonnewering, de sunshade
zonnig sunny
zoon, de son
zorg, de care
zorgen, de worries
zorgen voor to look after

Z

zout, het salt
zoveel so much ; so many
zuid south
zuster, de sister
zuur, het pickle
zuurstof, de oxygen
zwaar heavy
zwabber, de mop *(for floor)*
zwak weak *(person)*
zwaluw, de swallow *(bird)*
zwanger pregnant
zwart black

zwarte bes, de blackcurrant
zweet, het sweat
zwembad, het swimming pool
zwemband, de rubber ring ; armbands
zwembril, de goggles *(swimming)*
zwembroek, de swimming trunks
zwemmen to swim
zwempak, het swimsuit

NOUNS AND ARTICLES

Unlike English, Dutch nouns have a gender: they are either *common* (with the article **de**) or *neuter* (with the article **het**). Therefore the words for **the** must agree with the noun they accompany – whether *common*, *neuter* or *plural*:

		pronunciation
the garden	de tuin	du tuin
the house	het huis	het huis
the garden	de tuinen	du **tui**-nu
the houses	de huizen	du **hui**-zu

NOTE:

a garden	een tuin	un tuin
a house	een huis	un huis

The Dutch word **een** can have two meanings: **a** or **one**, with a different pronunciation denoting the meaning:

a	een	un
one	een/één	ayn

The Dutch frequently use diminutives, expressing smallness of size, endearment or contempt. The diminutive is mostly formed by adding **-je** or **-tje**, but also **-etje**, **-pje** and **-kje**:

house	het huisje	het **huis**-yu
garden	het tuintje	het **tuin**-chu
flag	het vlaggetje	het **vlaCH**-CHu-chu
tree	het boompje	het **bohm**-p-yu
king	het koninkje	het **koh**-nink-yu

Diminutives are always *neuter* nouns.

PLURAL

There are three ways to form the plural of nouns. The usual way is by adding **-en**:

	singular	*plural*
tent	tent *tent*	tenten **ten**-tu

NOTE:

1. Nouns ending with double vowels followed by a consonant drop a vowel in the plural:

moon	**maan** *mahn*		manen **mah**-*nu*
leg	**been** *bayn*		benen **bay**-*nu*
school	**school** *schohl*		scholenn **schoh**-*lu*
wall	**muur** *muur*		muren **muu**-*ru*

2. Many nouns ending with a single vowel followed by a consonant double that consonant in the plural:

man	**man** *man*		mannen **man**-*nu*
bell	**bel** *bel*		bellen **bel**-*lu*
bone	**bot** *bot*		botten **bot**-*tu*

but:

day	**dag** *daCH*		dagen **dah**-*CHu*
town	**stad** *stad*		steden **stay**-*du*

3. Many nouns ending with -s or -f get -z and -v in the plural:

house	**huis** *huis*		huizen **hui**-*zu*
cousin/nephew	**neef** *nayf*		neven **nay**-*vu*

but:

cherry	**kers** *kers*		kersen **ker**-*su*

4. Nouns ending with a vowel or with -aar, -el, -em, -en, -er, -erd, -je form the plural with -s; here are some examples:

car	**auto** *ou-toh*		auto's **ou**-*tohs*
umbrella	**paraplu** pah-**rah**-pluu		paraplu's pah-**rah**-pluus
widower	**weduwnaar** way-duuw-nahr		weduwnaars way-duuw-nahrs
wing	**vleugel** *vleu-CHel*		vleugels *vleu-CHels*
broom	**bezem** bay-zem		bezems **bay**-zems

5. A few nouns form the plural with -eren:

child	**kind** *kint*		kinderen **kin**-du-ren

GRAMMAR

252

DEMONSTRATIVES (this, that, these, those)

Demonstratives depend on the gender of the noun:

	this	that	these	those
de tuin	deze tuin	die tuin	deze tuinen	die tuinen
het huis	dit huis	dat huis	deze huizen	die huizen

NOTE: pronunciation deze: **day**-zu

ADJECTIVES

The adjective is placed before the noun as follows:

beautiful mooi *mohee*

de mooie tuin	de **mohee**-yu tuin
een mooie tuin	un **mohee**-yu tuin
het mooie huis	het **mohee**-yu huis
een mooi huis	un **mohee** huis

PRONOUNS

Subject pronouns:

I	ik
you	jij/je
you	u *(singular and plural: polite, formal)*
he	hij
she	zij/ze
it	het
we	wij/we
you	jullie
they	zij/ze

Object pronouns:

me	me
you	je
you	u *(singular and plural: polite, formal)*
him	hem
her	haar
it	het
we	ons
you	jullie
they	hen

Possessive pronouns:

mine	mijn
yours	jouw
yours	uw (singular and plural: polite, formal)
his	zijn
hers	haar
its	–
ours	onze/ons
yours	jullie
their	hun

NOTE:

<u>de</u> tuin	<u>onze</u> tuin
<u>het</u> huis	<u>ons</u> huis

QUESTIONS

who/whom	wie
what	wat
why	waarom
which	welke/welk

NOTE:

<u>de</u> tuin	<u>welke</u> tuine
<u>het</u> huis	<u>welk</u> huis

VERBS

Some useful verbs:

	present	past
to be zijn		
I	ben	was
you	bent	was
he/she/it	is	was
we	zijn	waren
you	zijn	waren
they	zijn	waren

GRAMMAR

254

	present	past
to have hebben		
I	heb	had
you	hebt	had
he/she/it	heeft	had
we	hebben	hadden
you	hebben	hadden
they	hebben	hadden

	present	past
to be allowed mogen		
I	mag	mocht
you	mag	mocht
he/she/it	mag	mocht
we	mogen	mochten
you	mogen	mochten
they	mogen	mochten

	present	past
to have to moeten		
I	moet	moest
you	moet	moest
he/she/it	moet	moest
we	moeten	moesten
you	moeten	moesten
they	moeten	moesten

	present	past
to want to willen		
I	wil	wou, wilde
you	wilt	wou, wilde
he/she/it	wil	wou, wilde
we	willen	wilden
you	willen	wilden
they	willen	wilden

NOTE: When **jij** follows the verb, the end **-t** of the verb is lost:

you have	jij hebt
have you?	heb jij?

you want	jij wilt.
do you want?	wil jij?

The English continuous form is unknown in Dutch:

I am going away	ik ga weg
I am going home	ik ga naar huis

equally:

are you going home?	ga jij naar huis?
do you go home?	ga jij naar huis?
do not go!	ga niet!